essentials

essentials liefern aktuelles Wissen in konzentrierter Form. Die Essenz dessen, worauf es als „State-of-the-Art" in der gegenwärtigen Fachdiskussion oder in der Praxis ankommt. *essentials* informieren schnell, unkompliziert und verständlich

- als Einführung in ein aktuelles Thema aus Ihrem Fachgebiet
- als Einstieg in ein für Sie noch unbekanntes Themenfeld
- als Einblick, um zum Thema mitreden zu können

Die Bücher in elektronischer und gedruckter Form bringen das Expertenwissen von Springer-Fachautoren kompakt zur Darstellung. Sie sind besonders für die Nutzung als eBook auf Tablet-PCs, eBook-Readern und Smartphones geeignet. *essentials:* Wissensbausteine aus den Wirtschafts-, Sozial- und Geisteswissenschaften, aus Technik und Naturwissenschaften sowie aus Medizin, Psychologie und Gesundheitsberufen. Von renommierten Autoren aller Springer-Verlagsmarken.

Weitere Bände in der Reihe http://www.springer.com/series/13088

Kerstin Klappstein · Ralph Kortewille

Traumatisierte Kinder im Alltag feinfühlig unterstützen

Psychoedukation im Überblick

Springer

Kerstin Klappstein
Hamburg, Deutschland

Ralph Kortewille
Hamburg, Deutschland

ISSN 2197-6708 ISSN 2197-6716 (electronic)
essentials
ISBN 978-3-658-32057-7 ISBN 978-3-658-32058-4 (eBook)
https://doi.org/10.1007/978-3-658-32058-4

Die Deutsche Nationalbibliothek verzeichnet diese Publikation in der Deutschen Nationalbibliografie; detaillierte bibliografische Daten sind im Internet über http://dnb.d-nb.de abrufbar.

Planung/Lektorat: Heiko Sawczuk
Springer ist ein Imprint der eingetragenen Gesellschaft Springer Fachmedien Wiesbaden GmbH und ist ein Teil von Springer Nature.
Die Anschrift der Gesellschaft ist: Abraham-Lincoln-Str. 46, 65189 Wiesbaden, Germany

Was Sie in diesem *essential* finden können

- Einen Überblick zu den wichtigsten Fragen zu Kindern mit Bindungstraumatisierungen
- Aktuelle Forschungsergebnisse zu Trauma, Resilienz und Schutzfaktoren
- Eine wissenschaftlich fundierte und alltagspraktische Einführung in die Methode der Psychoedukation

Inhaltsverzeichnis

Wie wir im Arbeitsalltag dem Trauma begegnen

Im Rahmen unserer Arbeit begegnen wir täglich Kindern und Jugendlichen mit ihren Familien und Bezugspersonen, die von schweren Belastungserlebnissen und deren Folgen betroffen sind. Wir sehen z. B. Kinder und Jugendliche, die aus Ländern wie Syrien oder Afghanistan kommen und von Bombenhagel oder Tötungen von Verwandten berichten. Oder Kinder, die Unfälle oder den Suizid eines Familienmitgliedes miterlebt haben. Jugendliche, die von Überfällen oder sexualisierter Gewalt berichten. Und auch immer wieder Kinder, die aufgrund von schwerer Vernachlässigung oder anderer Gewalt nicht in ihren Herkunftsfamilien leben können. Auch wenn die Lebensgeschichten einzigartig sind, leiden die Kinder, die wir sehen häufig unter vergleichbaren Problemen, die sie in der Regel sehr belasten und oft überfordern. Eine unserer Aufgaben ist es, mit den Kindern zu besprechen, wie sich Traumaereignisse auf sie auswirken und Erklärungsmodelle dafür zu finden, wie ihre Probleme enstanden sind. Mit dem Kind und den Bezugspersonen besprechen wir diese Hypothesen. Dies bringt oft nicht nur für das Kind selbst, sondern für das gesamte System Erleichterung. Und vor allem bringt es ein Verständnis, für die oft so unlogisch anmutenden Reaktionen des Kindes. Für viele Kinder und Jugendliche wirkt es sich sehr erleichternd aus zu wissen, dass das, was in ihnen passiert, eine normale Reaktion des Körpers ist und sie nicht verrückt sind.

1.1 Ein Buch speziell für Pflege- und Adoptiveltern bindungstraumatisierter Kinder

Nun gibt es im Bereich Trauma schon eine Vielzahl sehr guter Veröffentlichungen, auf die wir uns in unseren Ausführungen beziehen. Wozu also noch ein Buch?

© Der/die Autor(en), exklusiv lizenziert durch Springer Fachmedien Wiesbaden GmbH, ein Teil von Springer Nature 2020
K. Klappstein und R. Kortewille, *Traumatisierte Kinder im Alltag feinfühlig unterstützen*, essentials, https://doi.org/10.1007/978-3-658-32058-4_1

Unser Ziel ist es, kompaktes Wissen über das Thema Trauma und den Umgang im Alltag zu vermitteln. Pflege- und Adoptivfamilien, Pflegestellen und Fachpersonen anderer Bereiche (auch ohne medizinische oder psychotherapeutische Ausbildung), die mit traumatisierten Kindern arbeiten, stehen oft massiv unter Druck und suchen verzweifelt nach Hilfe. Besonders für sie haben wir dieses Buch geschrieben. Ihre Betroffenheit ist oft sehr groß, da die traumaassoziierten Verhaltensauffälligkeiten der Kinder das Familienleben und die Arbeit mit ihnen im Alltag anstrengend machen. Von allen Seiten kommen Anforderungen. Ergänzend zur Möglichkeit der persönlichen Beratung und Familientherapie, haben wir daher den vorliegenden Text verfasst und haben darin versucht, einerseits so wissenschaftlich wie nötig, und andererseits so kompakt und lebenspraktisch wie möglich, die aus unserer Sicht zentralen Punkte im Themenfeld traumatisierter Kinder darzustellen. Der Text ist daher teilweise auch in wissenschaftlicher Sprache verfasst und nicht immer einfach zugänglich. Trotzdem werden Fragen offen bleiben, das ist uns bewusst. Im Anhang finden sie daher ein ausführliches Literaturverzeichnis und ein Glossar.

Das zentrale Anliegen des Buches ist es, die Methode der Psychoedukation darzustellen, und wie man mit ihrer Hilfe, trotz der schwierigen Geschichte des Kindes und der damit eng verbundenen Folgen, einen Weg durch den Alltag finden kann. Und auch, wie man mithilfe von Phantasie, Bildern, Beispielen und Metaphern, den Monstern der Vergangenheit einen Platz im Alltag geben kann, ohne sich von ihnen ängstigen zu lassen. In einigen Bildern und Metaphern werden Sie sich und die Kinder vielleicht spontan wieder erkennen, mit manchen werden Sie weniger anfangen können. Wir haben uns um Vielseitigkeit bemüht. Die erste Geschichte, mit der wir das Ziel dieses Buches verdeutlichen möchten, ist die von Jim Knopf und dem Herrn TurTur.

1.2   Trauma, ein Scheinriese

Erinnern Sie sich noch an Herrn TurTur aus dem Buch „Jim Knopf und Lukas der Lokomotivführer"? (Ende, 2015) Aus der Entfernung sieht dieser Herr Tur-Tur groß und bedrohlich aus. Er flößt Jim Knopf große Angst ein. Dann streckt der Riese die Hand sehnsüchtig nach Jim aus und ruft mit einem armseligen Stimmchen nach Hilfe. Jim und Lukas kommen ihm näher und merken, dass man sich vor diesem Herrn TurTur nicht zu fürchten braucht, denn er ist ein Scheinriese. Nur aus der Entfernung gesehen macht er Angst. Aus der Nähe betrachtet ist er ein hutzeliger alter Mann, der keineswegs gefährlich ist. Man muss sogar sofort Mitleid mit ihm haben, weil er so einsam ist. So ähnlich verhält es sich auch mit dem Thema Traumatisierung. Je weiter man davon entfernt ist, desto mehr Respekt empfindet man vor dem Thema. Eine menschliche Reaktion wäre, sich abzuwenden und das Weite zu suchen. Je näher man aber dem Thema kommt, desto mehr ist wahrzunehmen, es ist durchaus handhabbar. Mehr noch: Für die Betroffenen ist es entscheidend, ihnen zu vermitteln, dass ihre Gefühle und ihr Verhalten keineswegs verrückt, sondern absolut nachvollziehbar sind. Sie sind durch das Trauma bedingt.

Traumaassoziierte Symptome, wie Fachleute das nennen, können verstanden werden als normale Reaktionen auf unnormale Ereignisse. Berichte dieser Erlebnisse können unangenehme Gefühle beim Zuhörenden auslösen. Hören wir zum Beispiel von sexualisierter Gewalt gegen Kinder, empfinden wir spontan Ablehnung. Umso mehr benötigen die betroffenen Opfer daher unser Verständnis und unsere Fürsorge. Übertriebene Abgrenzungsreaktionen oder Kampfansagen, weil wir angesichts der Taten Abscheu empfinden, helfen ihnen dahingegen nicht, sondern können sie noch mehr in die Isolation treiben. Denn gleichzeitig mit der Fürsorge ist eine angemessene Distanz wichtig, sodass es nicht zu erneuten Grenzüberschreitungen kommt. Wir würden uns wünschen, dass dieses Buch Ihnen dabei eine Hilfe ist, Nähe und Distanz in ihrer Beziehung zum Kind so auszubalancieren, dass ein entwicklungsförderliches Verhältnis entsteht. Mit dieser kurzen Einleitung, diesem Beispiel und der Erläuterung dazu haben wir versucht, ein wichtiges Grundprinzip für den Umgang mit Traumatisierung und den davon betroffenen Kindern und Jugendlichen zu skizzieren. Es ist der Versuch, das Komplizierte einfach und das Schwere leicht zu machen. Es braucht gerade so viel Theorie, dass die Problematik und Vorgänge erklärt werden können.

1.3 Traumatisierung als Prozess verstehen

Ein traumatisierendes Ereignis kann definiert werden als.

▶ DEFINITION

„[...] ein vitales Diskrepanzerlebnis zwischen bedrohlichen Situationsfaktoren und den individuellen Bewältigungsmöglichkeiten, das mit Gefühlen von Hilflosigkeit und schutzloser Preisgabe einhergeht und so eine dauerhafte Erschütterung von Selbstbild und Weltverständnis bewirkt" (Fischer & Riedesser, 2020, S. 79).

Ein Trauma ist also ein Ereignis, bei dem der betroffene Mensch Überwältigung, Schutzlosigkeit und Ohnmacht erlebt. Die Ereignisse von frühkindlicher Vernachlässigung und Gewalt, um die es im vorliegenden Buch im Wesentlichen gehen soll, sind stets mit dem Erleben von Todesangst verbunden. Als

Folge verändert sich beim Betroffenen die Wahrnehmung von sich selbst, anderen Menschen und der Welt als Ganzes. Wir bevorzugen diese Definition, da sie deutlich macht, dass die Einschätzung, ob ein Ereignis als Trauma zu verstehen ist, sehr subjektiv ist, und sich vor allem am Erleben der Betroffenen orientieren sollte. Ob ein Erlebnis zu einer Traumatisierung führt, hängt zuallererst davon ab, wie die Situation verarbeitet wird. Dabei spielen Vorerfahrungen eine Rolle (siehe 4.5. Förderung der Schutzfaktoren in der Pflegefamilie). Streng genommen ist es sogar so, dass es das Trauma als Ereignis gar nicht geben kann. Genau genommen müsste man von Erlebnissen sprechen, die dann aufgrund ungünstig verlaufender Informationsverarbeitungsprozesse möglicherweise zu Traumatisierungen führen. Um die individuellen Unterschiede und den prozesshaften Charakter der Traumaverarbeitung zu betonen, formulieren wir daher: Traumatisierung ist als ein Prozess zu verstehen.

> **BEISPIEL**
>
> Stellen Sie sich vor, Sie hielten ein Glas Wasser am ausgestreckten Arm. Kein Problem, werden Sie sagen. Nun stellen Sie sich vor, dass Sie das Glas nicht eine oder fünf Minuten halten müssten, sondern eine Viertelstunde oder drei Stunden.
>
> Manche Menschen leben aber seit Jahren und Jahrzehnten mit der Last ihres Traumas, das weitaus schwerer wiegt, als ein Wasserglas. Je länger man diese Last tragen muss, desto schwieriger wird es. Das eigentliche Leiden des traumatisierten Menschen besteht darin, dass Ereignisse der Vergangenheit in der Gegenwart immer wieder lebhaft erinnert werden. Insbesondere die Gefühle von Panik, Schrecken und Ohnmacht sind quälend. Diese ständig wiedererlebten starken Gefühle fühlen sich dazu noch ganz real an, so als ob das Ereignis gerade jetzt wieder passiert, und die Gefühle werden in gegenwärtige Beziehungen übertragen. Als Fachleute sprechen wir davon, dass Erinnerungen getriggert werden: Durch Trigger oder Hinweisreize, die an Details des traumatischen Erlebnisses erinnern, werden vor allem die aus der Situation bekannten Gefühlszustände, aber auch die mit ihr verbundenen Gedanken und assoziierten Beziehungsmuster wiedererlebt. Die Qualitäten der Erinnerungen sind bei verschiedenen betroffenen Personen, unabhängig von den individuellen Erlebnissen, einander sehr ähnlich. Es sind in der Regel Ohnmacht und Todesangst. In ihren Gedanken entsteht die Überzeugung: „Ich werde sterben.". Und sie fühlen sich mangels Alternativen der Situation hilflos ausgeliefert und geben auf. Ihr Körper erstarrt. Die Beziehungskomponente der Unterwerfung ist bei durch Menschen verursachten Traumatisierungen

und sich wiederholenden Ereignissen besonders stark, z. B. wenn Kinder in den ersten Lebensjahren nicht erleben konnten, dass primäre Bezugspersonen zuverlässig ihre existentiellen Bedürfnisse erfüllen. Wenn Bezugspersonen Kinder gewaltvoll behandeln, Säuglinge und Kleinkinder in einem Klima der Vernachlässigung, Angst und Bedrohung aufwachsen, dann besteht ein hohes Risiko, dass dadurch eine Entwicklungstraumafolgestörung entsteht. Das gilt auch, wenn sie Zeuge von Gewalthandlungen zwischen den Eltern werden, auch ohne selbst körperlich verletzt zu werden, sowie, wenn die zentrale Bezugsperson durch psychische Erkrankung, Suchterkrankung oder andere schwere seelische Beeinträchtigungen nicht versorgend verfügbar ist, kann sich dies traumatisierend auswirken.◄

Traumatisierung – Versuch einer Einordnung

Als Nicht-Betroffener wäre es respektlos zu behaupten, verstanden zu haben oder nachfühlen zu können, was ein Bindungstrauma ist. Jede Biografie ist individuell, jedem Gefühl der Betroffenen muss mit größtmöglicher Wertschätzung und mit Respekt begegnet werden. Im Folgenden versuchen wir darzustellen, wie wir versuchen, dabei zu helfen und was wir tun können, damit aus biografischen Ereignissen eine Geschichte wird. Wir ordnen ein. Ordnung schafft Distanz und schützt vor Überflutung. Bilder helfen dabei, das Trauma greifbar und begreifbar zu machen.

2.1 Ein Kind, viele Gesichter

Ohne die Bindung an versorgende Erwachsene können Kinder sich nicht entwickeln, nicht überleben (Siehe Kap. 3. Kohärenz, Resilienz, Schutzfaktoren und was für Pflegeeltern schwierig sein kann). Kinder halten daher um jeden Preis an dem zur Verfügung stehenden Bindungsangebot fest, auch wenn es sich als schmerzhaft oder vernichtend darstellt. Die Bindung an schädigende Bindungspersonen können Kinder auch erst dann aufgegeben, wenn neue, sichere Beziehungen eingegangen worden sind. Je destruktiver die Bindung war, desto schwerer ist sie zu lösen.

Kinder, die eine Bindungs- und Entwicklungstraumatisierung erlebt haben, tragen ihre Erlebnisse fragmentiert gespeichert im Gehirn mit sich, wie Kleingeld,

Elektronisches Zusatzmaterial Die elektronische Version dieses Kapitels enthält Zusatzmaterial, das berechtigten Benutzern zur Verfügung steht. https://doi.org/10.1007/978-3-658-32058-4_2

das lose in der Handtasche herumfliegt. Aus den Einzelteilen, die als Bewältigungsstrategien für psychische Notlagen entstanden sind, bilden sich im Selbst
der heranwachsenden Persönlichkeit traumaassoziierte Anteile, die mehr oder
weniger verbunden nebeneinander existieren. Eine Besonderheit ist, dass sich die
Glaubenssätze der einzelnen Anteile oft scheinbar widersprechen. Ihre Bedeutung erklärt sich aus den Umständen zum Zeitpunkt des Entstehens, als genau
diese Strategie gut und richtig war. Nehmen wir das Beispiel vom Kleingeld in der
Handtasche. Lira, Pence, Pennys und Cent können als Zahlungsmittel im jeweiligen Land benutzt werden. Es ist sinnvoll, die landestypische Währung in der
Tasche zu haben. Wenn ich in Deutschland bin, vergesse ich, dass in der Tiefe
meiner Handtasche noch Münzen herumfliegen, und wundere mich, wenn auf einmal Lira, Pence oder Pennys herauspurzeln. Ich denke unwillkürlich darüber nach,
wann ich wohl dieses Geld in die Tasche gesteckt habe. Die traumaassoziierten
Selbstanteile waren zum Zeitpunkt ihres Entstehens sinnvoll, werden aber für die
Kinder und das Umfeld dann problematisch, wenn sie- ausgelöst durch Trigger-
scheinbar ohne Vorwarnung aktiviert werden.

Für Kinder ist oft nicht erklärbar, warum diese Anteile zu ihrem Verhaltens-
repertoire gehören und woher sie stammen. Kinder brauchen die Erklärungen
von Erwachsenen, die sie feinfühlig und begrenzend begleiten, um die Selbstanteile verstehen und einordnen zu können. Im Folgenden sollen nun 12 wichtige
kindliche Anteile zu Wort kommen. Vorangestellt ist immer der zentrale Glau-
benssatz, der hinter dem Anteil steht. Bei den traumaassoziierten Selbstanteilen
handelt es sich um mehr oder weniger integrierte Persönlichkeitsanteile, die im
Zusammenhang mit starken Emotionen bei einmaligen oder wiederkehrenden
Erlebnissen entstehen. Sie sind in der Regel dem Bewusstsein zugänglich und
auch für das Kind identifizierbar („…dein Wutmonster", „…dein Angsthase!",
„…dein verletztes jüngeres Ich!").

Falls es zu Dissoziationen kommt, und das Kind keine Verbindung zwischen
den Erlebnissen und der Bildung der Selbstanteile empfindet, sollte dringend
weitere Hilfe durch eine Traumaexpert*in gesucht werden.

Die 12 Gesichter der Bindungstraumatisierung

1. Die Panik: „Angst schnürt mir die Luft ab!"
   Schon aus einer kleinen Angst wird Panik und mein Überlebensprogramm
   wird eingeschaltet. Manchmal erscheint es mir, als ob jede Situation Angst
   auslösen könnte. Ich versuche der Angst durch Vermeidung zu entkommen
   oder dadurch, dass ich mich furchtlos oder kämpferisch gebe. Leider wird

dadurch mein Leben immer begrenzter und ich fühle mich gehetzt wie ein Tier.

2. Die Wut: „Das macht mich rasend!"
Damals, als es so ganz schlimm war, war ich ganz furchtbar wütend. Irgendetwas in mir wusste aber, dass ich nicht wütend sein durfte, und so habe ich mir vorgestellt, wie es sein würde, wenn ich einfach zuschlagen könnte und wütend gegen mich und andere sein würde. Jetzt bin ich in Sicherheit, aber manchmal reicht ein kleiner Anlass und die angestaute nicht ausgelebte Wut bricht aus mir heraus. (Reinszenierung) Ich erreiche damit, dass ich bestraft werde und dann fühle ich mich unverstanden wie damals. Das tut mir sehr weh.

3. Der Angepasste: „Ich will gut sein."
Ich tue, was man von mir erwartet. Aber manchmal sagt man mir, dass das, was ich für gut halte, für andere böse ist. Gut war für mich lange Zeit das, was manchmal weh tat und bedrohlich war. „Bei dir hat sich Gut und Böse verschoben!", sagt man mir.

4. Der Widersprecher: „Nein! Nein, das will ich nicht."
Lange Zeit waren Schmerz und Angst vor den Eltern für mich etwas Normales. Ich wusste nicht, dass es auch anders gehen könnte. Erst im Kindergarten/in der Schule habe ich herausgefunden, dass es bei anderen Familien anders läuft. Das hat mich sehr verwirrt. Was soll ich nun glauben? Sollte ich mich tatsächlich gegen meine Eltern stellen? Ich brauche sie. Ich fühle mich innerlich zerrissen.

5. Die Schuld: „Ich glaube ganz fest daran, dass ich schuld bin."
Ich bin schuld daran, dass meine Eltern mich so behandeln. Ich liebe meine Eltern. Ich übernehme die Schuld für das, was passiert ist, und so kann ich meine Eltern weiter lieben und an sie glauben. Ich bin nichts wert. Meine Eltern sagen immer wieder, dass ich schuld sei. Sie haben es schon so oft gesagt, jetzt weiß ich, sie haben recht.

6. Der Beobachter: „Ich fühle nichts!"
Ich habe einen großen Behälter (Container) in mir. Dort habe ich, als es ganz schlimm war, alles rein getan und konnte dadurch ruhig bleiben. Ich habe meine Gefühle, Gedanken, meinen Körper, alles, was ich selbst getan habe, und das, was mir andere angetan haben, in diesen Container geschmissen. Ich habe es dort abgelegt wie Altpapier. So muss ich nicht ständig daran denken. Ich fühle nichts, es ist für mich neutral. Wer hat schon eine emotionale Verbindung zu Altpapier? Manchmal vergesse ich, dass ich diesen Container in mir habe. Und vor allem vergesse ich, was alles da drin ist. Dieser Container

ist so voll, dass manchmal Dinge rausfallen und mir Angst machen, weil sie auf einmal so real erscheinen.

7. Der Wissende: „Ich habe es immer gewusst."
Ich weiß, es war nicht richtig, was sie mir angetan haben. Aber es war für mich sicherer, dieses Wissen für mich zu behalten. Wenn ich laut gesagt hätte, dass es nicht in Ordnung ist, was sie mir antun, hätten sie noch härter zugeschlagen. Zu widersprechen hätte alles noch schlimmer gemacht.

8. Der Fühlende: „Ich fühle es immer noch! Alles!"
Es ist so anstrengend und raubt mir so viel Kraft, immer alles zu fühlen. Es sind Gefühle von damals, als alles so weh getan hat. Es ist besser für mich, diese Gefühle wegzusperren. Aber manchmal platzen sie unkontrolliert aus mir heraus. Das passiert immer und immer wieder.

9. Der Sehnsüchtige: „Ich möchte geliebt werden!"
Liebe ist nicht beständig. Manchmal werde ich geliebt, wenn ich tue, was ich soll. Aber das ist lange nicht passiert. Ich habe erfahren, dass es Liebe nur zusammen mit Angst, Schmerz und Ablehnung gibt. Ich habe so eine große Sehnsucht, geliebt zu werden. Aber ich glaube nicht mehr daran, dass Nähe wirklich meine Sehnsucht stillt. Ich werde niemals in mir ruhen, werde niemals zu Hause sein. Ich bin immer auf der Suche.

10. Der Beschützer: „Ich kann auf mich selbst aufpassen!"
Damals, als es ganz schlimm war, hat niemand auf mich aufgepasst. Jetzt gehe ich hin, wo ich will, nehme mir, was ich brauche, und zerstöre, was mir nicht gefällt, notfalls auch mich selbst. Ich brauche niemanden. Ich hasse mich selbst.

11. Der Gute: „Ich habe Gutes erlebt!"
Es gab Menschen in meinem Leben, die sind gut zu mir gewesen. Ich habe gelacht und gespielt und Liebe und Zuwendung erfahren. Diese guten Erfahrungen liegen unter dem Schmerz und der Bedrohung vergraben. Es fällt mir nicht leicht, mich daran zu erinnern.

12. Der Bewältiger: „Ich bin wirksam!"
Als es ganz schlimm war, habe ich gelernt zu überleben. Ich weiß, wie ich mich entlasten kann. Ich kann den Druck ablassen, ich kann fliehen und Stress ausblenden, um mich nicht mehr ausgeliefert zu fühlen (vgl. Garbe, 2008).

2.2 Das Eisbergmodell und die kompensatorische Verarbeitung von Erlebnissen

Das Eisbergmodell verwenden wir, um problematisches Verhalten von Kindern oder Jugendlichen vor dem Hintergrund ihrer Belastungserlebnisse zu deuten und verstehen. Wenn es mit dem Kind gemeinsam gelingt, die Zusammenhänge zu begreifen zwischen früherem Ereignis, aktuellem emotionalen Erleben und dem daraus resultierenden Verhalten, dann werden die zuvor als unverständlich erlebten emotionalen Reaktionen (siehe 2.1. Ein Kind, viele Gesichter) nachvollziehbar. Eine Chance zur Verhaltensänderung liegt dann in greifbarer Nähe. Es geht aber nicht vorrangig um ein kognitives Verstehen. Das wird daran deutlich, dass Verhaltensänderungen bei traumatisierten Kindern kaum über Strafen, Ansagen und sonstige normative pädagogische Interventionen erzielt werden können. Auch wenn sie den Sinn verstehen von Regeln und Konsequenzen, werden Ansagen von ihnen schnell als Drohung erlebt und bestenfalls mit wenig stabilem überangepasstem Verhalten beantwortet. Auch wenn es gleichzeitig eine große Sehnsucht nach Klarheit und Gerechtigkeit gibt, ist doch schwer sich zu fügen. Stabile Verhaltensveränderung anzuregen gelingt eher, wenn wir als wohlmeinende, verstehende und unterstützende Erwachsene wahrgenommen werden. Und wenn es mit unserer Hilfe vor allem dem Kind selbst gelingt, einen Zusammenhang zwischen automatisierten Verhaltensmustern und traumaassoziierten Emotionen, Gedanken, Beziehungsmustern zu erspüren. Dieser erfühlte Zusammenhang muss nicht unbedingt den objektiven Tatsachen entsprechen, sondern für das Kind eine emotionale Folgerichtigkeit besitzen. Und auch für uns als Berater*innen oder Behandler*innen muss er sinnvoll erlebbar sein.

Das Eisbergmodell wird in verschiedenen Zusammenhängen verwendet. Für unsere Zwecke ist die Verwendung des erweiterten Eisbergmodells nach Scherwath (2016) sinnvoll. Sie geht bei diesem Modell von dem vom Kind gezeigten Verhalten aus. Diese aktuelle Symptomatik ist im Hier und Jetzt sichtbar. Traumasensibel betrachtet, könnten dem Verhalten eines Kindes hochbelastende biografische Erfahrungen und verletzte Bedürfnisse zugrunde liegen. Es geht also darum, sich die Frage zu stellen, was die positive Absicht, der gute Grund hinter dem Verhalten ist! Und wie dieses Verhalten möglicherweise dazu dient, unangenehme Gefühle zu vermeiden. So entsteht ein Verständnis für das Symptom: Man unterstellt, dass in dem gezeigten Verhalten unbewusst traumaassoziierte Inhalte reinszeniert, bzw. spezifische Bedürfnisse des Kindes deutlich werden. Das bezieht sich auch auf traumabezogene Beziehungsmuster wie beispielsweise dem Muster der Unterwerfung. Das Kind reinszeniert unbewusst seine Erfahrungen und versucht, sich vor dem vermeintlich bedrohlichem Gegenüber auf diese

Weise zu schützen. Es zeigt z. B. angepasstes Verhalten, das aber nicht langfristig stabil ist. Denken Sie an Kinder, die neu in eine Pflegefamilie kommen und sich in der ersten Zeit honigsüß verhalten. Mithilfe des Eisbergmodells können die Motive aufgedeckt werden, die dem Verhalten des Kindes zugrunde liegen. Im nächsten Schritt kann dann überlegt werden, was das Kind braucht, um Verhaltensalternativen entwickeln zu können. Es geht also in erster Linie nicht darum, das Verhalten des Kindes zu ändern, sondern darum, ihm neue Erfahrungen zu ermöglichen (vgl. Scherwath, 2018).

> Weil dies unserer Ansicht nach viel zu wenig Beachtung findet, ist es ist uns wichtig, an dieser Stelle noch einmal zu betonen, dass auch kumulative Mikrotraumata z. B. durch wiederholte Erfahrungen der Kränkung, Entwertung, fehlender Geborgenheit, wiederholter Trennung oder des Verlusts und Alleingelassenwerdens eine Bindungstraumatisierung zur Folge haben können. Auch diese nicht physisch gewaltvollen Erfahrungen von Geringschätzung und Entwertung können zu schweren psychischen Schädigungen führen, und somit ähnliche Auswirkungen haben, wie Erlebnisse schwerster Gewalt oder akzidentieller Ereignisse wie Unfälle. (vgl. Copeland et al., 2010, https://www.ncbi.nlm.nih.gov/pmc/articles/PMC293 6664/; (Abruf Juni 2020)

Wenn wir versuchen die alltäglichen Schwierigkeiten von Kindern mit Bindungstraumatisierung zu verstehen, ist es wichtig, sich klar zu machen, dass es eigentlich nur zwei Möglichkeiten gibt, in denen die Dynamik des Verhaltens gedeutet werden kann. Entweder handelt es sich um traumaassoziiertes oder um traumakompensatorisches Verhalten. Wir benutzen an dieser Stelle lieber den Begriff Stressor und sagen daher stressorassoziiertes Verhalten (vgl. Hensel, 2017). Um das Trauma- oder eben Stressorschema handelt es sich dann, wenn das aktuelle Verhalten Ähnlichkeit mit der ursprüngliche Reaktion auf die frühere Bedrohung hat. Das trifft in Situationen zu, durch die sich das Kind an die traumatischen Ereignisse erinnert fühlt und dadurch damit verbundene unangenehme Gefühlszustände ausgelöst werden (vgl. Fischer und Riedesser, 2009). Wenn das Kind zum Beispiel früher drastisch bestraft wurde, immer, wenn es widersprochen hat und es nun Schwierigkeiten damit hat, seine eigene Meinung zu sagen, obwohl es die Chance hat, oder sogar darum gebeten wird. Wie früher kann das Kind sich auch heute nicht wirklich zur Wehr zu setzen. Es entzieht sich, es kämpft oder zeigt einen schnellen Wechsel zwischen beiden Verhaltensweisen. Manchmal sehen wir aber auch, als letzte Lösung, die Abspaltung des innersten

Kernes von der Wahrnehmung der Wirklichkeit durch Dissoziation (siehe 2.1 Ein Kind, viele Gesichter). Das Kind erstarrt und beamt sich weg. Alles das kann stressorassoziiertes Verhalten sein.

Anders beim stressorkompensatorischen Schema: Hier geht es darum, wie die Betroffenen ihre Rolle im Zusammenhang mit den Ereignissen gespeichert haben. Sie versuchen zu vermeiden, wieder in diese bekannten negativen Gefühlszustände zu kommen, da diese häufig mit massiven Schuldgefühlen verbunden sind. Die betroffenen Kinder und Jugendlichen stellen Schlussfolgerungen über Verantwortung und Schuld an, die aufgrund ihrer traumabedingt verzerrten Wahrnehmung Fehlinterpretationen der kausalen Zusammenhänge enthalten (vgl. Fischer & Riedesser, 2009). Diese Annahmen sind durch den emotionalen Zustand, den sprachlichen, motorischen und insgesamt den kognitiven Entwicklungsstand zum Zeitpunkt der traumatischen Situation geprägt. Die betroffenen Kinder richten ihr Verhalten danach aus, dass erneute Ohnmachtserfahrungen und Schuldgefühle unbedingt vermieden werden, fühlen sich aber innerlich verantwortlich für die Geschehnisse. Der Organismus unternimmt gleichzeitig den Versuch, das mit der traumatischen Situation assoziierte passive Verhalten, depressive Zustände und Schuldgefühle z. B. durch kompensatorische Hyperaktivität oder starke Reize (wie das Hören aggressiver Musik, das Schauen von Horrorfilmen oder stundenlange Ballerspiele am PC) auszugleichen. Stressorkompensatorische Schemata stellen insgesamt den Versuch des Betroffenen dar, mit allen Mitteln zu vermeiden, erneut in Situationen und Beziehungskonstellationen, Verhaltensmuster und Gefühlszustände gedrängt zu werden, die der ursprünglichen Traumaerfahrung ähneln. Sich erneut beschmutzt, beschämt und unterlegen, ohnmächtig usw. zu fühlen, muss unbedingt vermieden werden. Daher bedient man sich Strategien, um sich stark zu fühlen, die Kontrolle zu behalten und jedes Anzeichen von Schwäche, Unterlegenheit, Abhängigkeit, von Kleinsein, davon, etwas nicht zu wissen, zu vermeiden, sogar zu negieren. Es könnte also zum Beispiel sein, dass das Kind, statt in einem Konflikt offen zu widersprechen, einfach heimlich Konsequenzen zieht und ohne weitere Absprache macht, was es will und sich dabei denkt: „Ich lasse mir gar nichts vorschreiben!" und so- kompensatorisch- versucht das Gefühl der Schwäche und Abhängigkeit zu vermeiden, obwohl es nach seiner Meinung gefragt wurde.

BEISPIEL

Marco 15 Jahre, der ein im Kern ängstlicher und hoch unsicherer Jugendlicher ist, zockt bis zu 9 h am Tag am PC ein Kriegsspiel. In der virtuellen Welt des

Internets ist er geschickt, kämpft mit anderen, ist gutaussehend, beliebt und erfolgreich.◄

2.3 Der Zusammenhang zwischen belastenden Lebensereignissen und auffälligem Verhalten

Gibt es einen Zusammenhang zwischen den biografischen Ereignissen und der Ausprägung der zu erwartenden Störung? Die grundlegende Problematik von emotionaler Dysregulation und traumassoziierten Beziehungsmustern finden wir regelhaft bei Menschen mit Belastungserlebnissen. Es gibt jedoch keinen sicher vorhersagbaren Zusammenhang zwischen der Art des Ereignisses und dem Ausmaß der zu erwartenden Störung (vgl. Hensel, 2017). Dies scheint von vielerlei individuellen Faktoren abhängig zu sein, vor allem der Widerstandsfähigkeit und Fähigkeit zum Coping. Diese werden wiederum ganz entscheidend durch individuelle Vorerfahrungen bestimmt (siehe 3.1. Die Entwicklung von Kohärenz als Zeichen einer gesunden Bindung).

Die Ausprägung der Symptomatik hängt zentral davon ab, wie sehr Grundbedürfnisse verletzt wurden und wie die Bearbeitung dieser seelischen Verletzungen gelang. Der Weg zum Verständnis der Symptomatik geht daher nicht über detailliertes Wissen über einzelne Ereignisse, sondern über einen Überblick, wie die Ereignisse subjektiv erlebt und verarbeitet wurden. Entscheidend dafür ist für Kinder, wie die Umwelt reagiert, ob es z. B. einen Erwachsenen gibt, der dem Kind glaubt und es unterstützt. Vor allem dieser gut erforschte Faktor entscheidet darüber, wie Verarbeitungsprozesse verlaufen und ob sich aus Erlebnissen Traumatisierungen entwickeln (vgl. Werner & Smith, 2001; siehe 3.4. Die Förderung von Schutzfaktoren in der Pflegefamilie). Es entspricht aber der klinischen Erfahrung, dass der Zusammenhang zwischen Schädigung und Erlebnissen sich nach dem Grundsatz richtet, dass je früher, je häufiger, je gewaltvoller die Ereignisse waren und je enger die Beziehung zur gewalttätigen Person war, umso gravierender das Ausmaß der zu erwartenden Folgesymptome ist.

„Kinder sind umso verletzlicher, je schlechter es ihnen gelungen ist bzw. je weniger Gelegenheit sie hatten, […] neokortikale Strukturen der Hirnrinde […] herauszuformen. Frühe Gewalterfahrungen, Vernachlässigung, sexuelle Ausbeutung und Misshandlungen oder der Verlust Sicherheit-bietender Bezugspersonen sind die wichtigsten Auslöser unkontrollierbarer Stressreaktionen während der frühen Phasen der Hirnentwicklung und führen bei Kindern auch weitaus rascher als bei

Erwachsenen zur Aktivierung der archaischen Notfallreaktionen im Hirnstamm." (Hüther et al. 2010)

https://www.adelante-beratungsstelle.de/bilder/huether.pdf

Die Folgesymptome nach einem einmaligen traumatischen Erlebnis wie z. B. einem Unfall oder Überfall, der Fachbegriff dafür ist Monotrauma, bzw. sequenziellen Erlebnissen oder komplexer Gewalt, unterscheiden sich nicht grundsätzlich qualitativ, sondern in der Ausprägung. Man kann sagen, dass Menschen, je komplexer sie traumatisiert sind, umso mehr in ihrer Fähigkeit beeinträchtigt werden, vertrauensvolle nahe und nährende Beziehungen eingehen zu können. In seinem Aufsatz „Liebe allein reicht nicht" beschreibt Hensel (2012) eindrücklich, wie gut gemeinte Beziehungsangebote von Pflege- und Adoptiveltern beim traumatisierten Kind zu angstmotivierten Flucht- und anderen Abwehrreflexen führen. Weil frühkindliche Erfahrungen von Zuneigung und Versorgung stets mit Gewalt und Überwältigung gekoppelt waren, wird die Angst vor erneutem Kontrollverlust und Ausgeliefertsein umso größer, je mehr Liebe und Zuneigung im Spiel sind. Nähe und Schwäche werden vom Kind grundsätzlich vermieden und kompensatorisch wird machtvolles, kontrollierendes Verhalten oder vermeidendes Fliehen vor der vermeintlich bedrohlichen Nähe gezeigt. Hensel (2012) schlussfolgert: „Nach meiner Meinung ist es sinnvoller, anzunehmen, dass die Kinder nach alten, fest verankerten Verhaltensmustern handeln. Sie haben keine Wahl; sie sind unfrei" (S. 3).

Mit diesem Satz von Hensel (2012) wird das zentrale persönliche Motiv umrissen, das die Autoren im Innersten bewegt, antreibt und ihnen Herzensangelegenheit ist: **Pflege- und Adoptiveltern und andere Fachkräfte sollen gestärkt und ihre Kompetenzen und Ressourcen erweitert werden. So können sie noch besser Kindern dabei helfen, trotz der unsäglichen Erlebnisse der Vergangenheit nach und nach freie und autonome Entscheidungen zu treffen und so zum Eigentümer und Gestalter des eigenen Lebens zu werden. Insofern begreifen wir das, was wir tun, als Prozess der aktiven Demokratisierung und des Kinderschutzes.**

2.4 Traumaassoziiertes Verhalten als Herausforderung für Eltern, Pflegeeltern und Fachkräfte

Oft erleben Eltern, Lehrer*innen oder Erzieher*innen das Verhalten eines traumatisierten Kindes als anstrengend und unverständlich. Schnelle Stimmungswechsel

werden als grundlos und insbesondere aggressive Impulse werden als unbere-
chenbar und unverhältnismäßig empfunden. Eltern und Betreuer*innen berichten
uns verzweifelt, dass Kinder auf Nichtigkeiten massiv und hochgradig impulsiv
reagieren. Aber vom traumapsychologischen Standpunkt her gedacht, hat jedes
Verhalten eine innere Logik, daher lohnt es sich, nach den Ursachen des Verhaltens des Kindes zu forschen! „Solange die Bezugspersonen die Bedeutung
dieser Wiederholungen nicht verstehen, neigen sie dazu, das Kind als „aufsäs-
sig", „rebellisch", „unmotiviert" und „antisozial" wahrzunehmen." (Van der Kolk,
2009, S. 577).

Wenn- z. B. mithilfe des Eisbergmodells- der gute Grund eines vom Kind
oder seiner direkten Umwelt als hochproblematisch erlebten Verhaltens erkannt
wird, erhöht sich die Chance, dass sich das Kind verstanden und damit in seiner emotionalen Verfassung gesehen und als Mensch wertgeschätzt fühlt. Seine
Kooperationsbereitschaft wird steigen, je mehr es sich gesehen und verstanden
fühlt, und je größer seine Selbstkenntnis und die Aussicht auf eine Beteiligung
am weiteren Prozess ist. Komplexe und hoch auffällige Probleme wie aggressive oder depressive emotionale Zustände, eine Neigung zum Stehlen, Lügen,
Horten, die Tendenz zu dissozialem Verhalten und allgemein die Vermeidung
von Anstrengung im schulischen und anderen Bereichen, in denen Leistungen
gefordert werden, sind als wiederkehrende Probleme bei Kindern und Jugendlichen mit schweren Belastungserlebnissen bekannt (vgl. z. B. Bonus, 2008). Aber
auch den wohlmeinendsten und innerlich stabilsten Pflegeeltern fällt es schwer,
immer gelassen mit diesen Verhaltensweisen im Alltag umzugehen, da diese Verhaltensmuster u. a. auch durch eine hohe Veränderungsresistenz gekennzeichnet
sind. Hensel (2012) spricht davon, dass diese Kinder ein „Überlebensselbst" entwickeln (S. 4). Die Psyche des Kindes bildet zum Zeitpunkt der traumatischen
Erlebnisse Erklärungen aus für die Geschehnisse, die das psychische Überleben
sicher stellen. Diese Erklärungen spiegeln den Stand der kognitiven, psychose-
xuellen und sozial-emotionalen Entwicklung im Zeitraum der Traumatisierung
wider. Ein Kleinkind, das von den Eltern misshandelt wird, ist und bleibt von
ihnen abhängig. Die Psyche des Kindes kann nicht die Eltern für die Handlun-
gen verantwortlich machen. Die Eltern dürfen für das Kind nicht böse sein, da es
von ihnen abhängig ist. Also schlussfolgert das Kind im egozentrischen Modus:
„Ich bin böse, deswegen haben mich meine Eltern geschlagen" (siehe 2.1 Ein
Kind, viele Gesichter). Es gibt sich selbst die Schuld. Es zieht sich psychisch
selbst aus dem Sumpf. Und ebenso wie die Geschichten von Baron Münchhau-
sen nicht wahr sind, sind die Erklärungen des Kindes nicht objektiv wahr. Sie
sind jedoch subjektiv stimmig und funktional. Debatten mit dem traumatisierten Kind, das offensichtlich schwer nachvollziehbare Erklärungen erlogen sind,

erübrigen sich daher. Sie sind wahr, weil sie stimmig in der Logik des jüngeren Selbstanteils des Kindes sind. Ob darin tatsächliche Erlebnisse enthalten sind oder sich eine verzerrte Wahrnehmung der Realität spiegelt, ist oft schwer zu unterscheiden. Die Erklärungen des Kindes für Erlebnisse wirken weiter, wenn die reale Bedrohung lange vorbei ist, und werden dann, lange nach dem Ereignis, dysfunktional. Wenn ein Kind körperlich vernachlässigt wird und Hunger und Durst erleidet, dann entwickelt es entsprechende Strategien. Es schlussfolgert möglicherweise: „Niemand kümmert sich richtig um mich. Ich muss selbst für mich sorgen." Später, wenn das Kind älter ist und in einem Kontext, in dem die Versorgung objektiv absolut sicher gestellt ist, dann fällt den Pflege-/Adoptiveltern auf, dass der jüngere, selbstversorgende Selbstanteil des Kindes Nahrungsmittel unerlaubt nimmt und in seinem Zimmer hortet. Trotz gemeinsamer Mahlzeiten und ausreichender Versorgung zeigt das Kind solche Auffälligkeiten. Die Lebensmittel verderben möglicherweise sogar im Zimmer des Kindes. Das widerspricht jeder gegenwartsbezogenen Logik. In der kleinkindlichen Logik des Überlebensmechanismus ist das Verhalten jedoch richtig und schlüssig. Wenn wir davon ausgehen, dass die problematischen Verhaltensweisen mit traumatischen Erlebnissen in Zusammenhang stehen, dann können wir verstehen, dass- insbesondere, wenn wir über Kinder mit Bindungstraumatisierung nachdenken- das traumaassoziierte Verhalten Ausdruck einer mangelhaften Fähigkeit zur Emotionsregulation ist: Ohne stabile Erfahrungen sicherer Bindung und einfühlsamer Coregulation konnte das Kind nicht lernen, sich selbst und seine Affekte zu ordnen und zu beruhigen. Situationen, die an Zustände frühkindlichen elementaren Mangels und Gefährdung erinnern, lösen immer und immer wieder Bedrohungsgefühle bis hin zu Todesangst aus.

BEISPIEL

Ronja hat als Baby nicht genug zu essen und zu trinken bekommen. Die Mutter konsumierte Drogen und ließ Ronja drei Tage lang alleine in der Wohnung. Als 11-jährige spürt Ronja nicht, wenn sie hungrig wird. Wenn sie was zu Essen braucht, muss sie sofort etwas haben. Wenn sie warten soll, dann wird sie ansatzfrei grenzenlos wütend, sodass es zu riesigem Streit mit der Pflegemutter kommt.◄

Während die Pflegeeltern also Jahre später meinen, mit der 11-Jährigen im Alltag pädagogisch wertvoll altersgerechtes Warten einzuüben, fühlt sich das Kind elementar bedroht, kämpft (mit frühkindlichen Affekten und Handlungsoptionen wie Schreien, Stoßen, Weinen und Wüten) um seelisch-körperliche Unversehrtheit, um sein psychisches Überleben. Es versucht mit allen ihm zur Verfügung stehenden Mitteln, die Kontrolle über das Geschehen zu behalten. Belohnungs- oder Bestrafungssysteme, Ampeln, Smiley-Tafeln usw. sind gut gemeinte pädagogische Interventionen, die funktionieren, solange das Kind nicht in traumaassoziierten Affektzuständen getriggert wird. Dies kommt als zentrale Symptomatik von Entwicklungstraumatisierung jedoch leider sehr häufig vor.

> „Die Intensität der Gefühle in der jeweils aktuellen Situation entspricht also der Intensität in der damaligen Bedrohungssituation (Todesangst, unbeherrschbare Wut, Hilflosigkeit etc.). Bei den Kindern geht es also immer ums Ganze. Der aktuelle Anlass kann dabei von außen betrachtet völlig unbedeutend erscheinen. Das ist auch der Grund, warum Strafen wie Stubenarrest für diese Kinder Peanuts sind angesichts häufig real erlebter Todesangst und existentiellen Alleinseins und damit als negative Konsequenz nicht wirksam sein können." (Hensel, 2012, S. 5)

Aus Platzgründen können wir uns hier leider nicht ausführlich mit dem zu erwartenden Verhalten von Kindern nach schweren Belastungserfahrungen beschäftigen. Zusammenfassend kann gesagt werden, dass in den Bereichen Bindungs- und Beziehungsverhalten, physiologische Regulation, Affektregulation, Fähigkeit zur Steuerung des Verhaltens, Kognitionen und Selbstkonzept mit mittleren bis schweren Beeinträchtigungen zu rechnen ist (siehe Onlinematerial).

Die Erinnerungen an belastende Erlebnisse kommen plötzlich als Blitzerinnerungen (Flashbacks). Um sich vor den einschießenden bedrohlichen Erinnerungen zu schützen, entwickelt der Organismus Schutzmechanismen, ist ständig wachsam und angespannt.

Die damit verbundene Anstrengung kann man sich so vorstellen, als ob man versuchen würde, einen Wasserball unter Wasser zu drücken. Es funktioniert, ist aber furchtbar mühsam. Und das Schlimmste ist, gerade wenn man sich entspannt, dann ploppt die ganze Chose nach oben.

Mit den oben dargestellten Verhaltensauffälligkeiten und sozialen Kompetenzdefiziten (s. Tab. 2.1) fallen traumatisierte Kinder auf und sind in Kindertagesstätte, Schule oder Ausbildung oft schwer zu integrieren. Gerade weil wir das Ausmaß der Auffälligkeiten einzelner Kinder kennen und es nicht bagatellisieren wollen, stellen wir doch häufig gleichzeitig fest, dass unsere Betreuungs- und Bildungseinrichtungen als Systeme nicht immer in der Lage sind, sachorientiert auf diese Kinder und ihr Verhalten zu reagieren. Schnell stoßen die Kinder an die Grenzen der Einrichtungen. Auch wenn in Deutschland ein hochelaboriertes System von pädagogischen und therapeutischen Angeboten besteht, so braucht es doch in der Regel nur ein einziges Kind mit Traumabiografie, um eine Schulklasse zu sprengen. Bildung im Rahmen von echten Beziehungsangeboten ohne Strafen zu vermitteln hat sich noch nicht überall durchgesetzt. Ungeeignete Methoden, wie normativer strafender Umgang als Reaktion auf traumaassoziiertes Verhalten, die Selektion von (scheinbar) Leistungsschwächeren und schließlich der Ausschluss von Kindern, führen zu entwicklungshinderlichen und vor allem zeit- und nervenaufreibenden Konflikten.

Kinder, die schuldlos unter dieser Art von eindeutig erkrankungsbedingten Problemen leiden, benötigen ein echtes kooperatives Miteinander der verschiedenen Bereiche Bildung, Jugendhilfe und Gesundheit. Nur wenn wir erkennen, dass das Kind machtvoll seine Machtlosigkeit reinszeniert, können Biografien von wiederholten Bindungs- und Beziehungsabbrüchen, Retraumatisierungen, Unbetreubarkeit und reaktive Ausstoßung vermieden werden. Nur so kann verhindert

Tab. 2.1 Was Kindern mit Belastungen schwer fällt. (Eigene Darstellung)

Was Kindern mit Belastungserfahrungen schwer fällt:

* sich in einer Reihe anzustellen und warten

* beim Spielen verlieren

* Spielzeug oder Süßigkeiten teilen

* etwas nach Aufforderung tun

* etwas tun, was nicht viel Spaß macht, z.B. Vokabeln wiederholen, Formeln üben und auswendig lernen

* Kritik annehmen, einen Fehler zugeben

* sich entschuldigen

* Kleineren oder Schwächeren den Vorrang/Vortritt geben

* Größeren oder Stärkeren aufrichtigen Respekt erweisen

* einer Autorität vertrauen schenken, ohne zu kämpfen

* eine Sache versuchen, obwohl man sie noch nicht perfekt kann

* zugeben, dass man Angst hat

* ruhig und geordnet von der Klasse in die Turnhalle gehen

* Hunger spüren, abwarten bis das Essen fertig ist

* Müdigkeit spüren, rechtzeitig ins Bett gehen, alleine einschlafen

* verstehen, dass auch eine Klassenfahrt oder ein Ausflug eine Schulveranstaltung ist

werden, dass Kinder mit schweren Bindungstraumatisierungen zu Systemsprengern werden. Wenn es zur Erziehung von Kindern ein Dorf braucht, dann braucht ein traumatisiertes Kind zum Aufwachsen mehrere Dörfer. Das Analysieren von Motiven, feinfühliges Erspüren von Bedürfnissen und Halt gebendes Verstehen und Begrenzen sind die zentralen Wirkmechanismen, die wir uns in der pädagogischen Begleitung im Betreuungs-, Schul- oder Ausbildungssetting wünschen. Diese Aufgaben können, sollen und dürfen nicht an eine ferne und niederfrequent verfügbare Traumatherapeut*in delegiert werden.

▶ Stabilisierung im Alltag und Auseinandersetzung mit traumaasoziierten Inhalten- das ist ein zentrales, vielleicht sogar das zentrale Ergebnis unserer Überlegungen- lassen sich nicht voneinander trennen. Eine Methode an der Schnittstelle ist Psychoedukation: Kostenlos und risikofrei. In ihr vereinigen sich einerseits das Wissen um die Biografie und schwere Belastungen und andererseits das Anknüpfen an Ressourcen und Kompetenzen. Beide Bereiche werden wertschätzend anerkannt und nutzbar gemacht in der feinfühligen und herausfordernden Begleitung und Begrenzung mithilfe der Psychoedukation.

Kohärenz, Resilienz, Schutzfaktoren und was für Pflegeeltern schwierig sein kann

3.1 Die Entwicklung von Kohärenz als Zeichen einer gesunden Bindung

Wenn wir uns mit den Problemen von Kindern und Jugendlichen nach schweren Belastungserlebnissen beschäftigen, ist es sinnvoll, zunächst auf die Bedingungen einer ungestörten und gesunden Bindungsentwicklung einzugehen, um dann auch die Faktoren beschreiben zu können, die sich auf die Entwicklung belasteter Kinder hemmend auswirken. Die Bindungsforscherin Mary Ainsworth (in Grossmann und Grossmann, 2005) nannte das Beachten von feinen Signalen in der Mutter-Kind-Interaktion mütterliche Feinfühligkeit.

▶ **Definition** Feinfühlig ist die Interaktionen, in der die Bindungsperson die Gefühle des Kindes berücksichtigt und die Bedingungen des Säuglings, vor allem bei negativen Erlebnissen, nachhaltig zu verbessern versucht.

Die Basis für die Entwicklung eines ausgeprägten Kohärenzgefühls eines Kindes, ist das Erleben einer stabilen, feinfühligen Bindungsperson von Anfang an. Bowlby (2008) beschreibt Bindung als ein „unsichtbares Band" (S. 65), das zwei Menschen miteinander verbindet. Beim Säugling führt Feinfühligkeit zum Erleben von Sinnhaftigkeit. Im ersten Lebensjahr entwickelt sich die spezifische emotionale Bindung an eine Hauptbezugsperson, die das Überleben des Kindes sichert. Dieser „sichere emotionale Hafen" (Brisch 2014, S. 12) bietet Schutz, Pflege, Unterstützung und garantiert eine Verbindung miteinander über Zeit und Raum. Säuglinge haben das biologische Bedürfnis, sich an ein menschliches Wesen zu klammern, um eine Bindung aufzubauen (Bowlby, 2006). Reagiert die Bindungsperson positiv feinfühlig darauf, wird das angeborene Bedürfnis des Babys nach

© Der/die Autor(en), exklusiv lizenziert durch Springer Fachmedien Wiesbaden GmbH, ein Teil von Springer Nature 2020
K. Klappstein und R. Kortewille, *Traumatisierte Kinder im Alltag feinfühlig unterstützen*, essentials, https://doi.org/10.1007/978-3-658-32058-4_3

Versorgung und Stabilität befriedigt. Das von dem Gesundheitspsychologen Antonovsky (1997) untersuchte Konzept der Salutogenese beschäftigt sich mit der Frage, wie es einem Menschen gelingen kann, sein Leben als stimmig zu erleben. Dieses Gefühl wird von ihm als Kohärenzgefühl beschrieben. Er meinte damit, die globale Einstellung eines Menschen, das Leben als zusammenhängend, erklärbar und sinnvoll zu erfahren. Man könnte dies auch als Grundbedürfnis eines Menschen bezeichnen, danach zu streben, glücklich zu sein. Kinder, die frühkindlich schwere Belastungen erlebt haben, haben es deutlich schwerer, ein ausgeprägtes Kohärenzgefühl zu entwickeln.

Antonovsky arbeitete die drei Aspekte Sinnhaftigkeit, Verstehbarkeit und Handhabbarkeit als elementar für das Entstehen eines starken Kohärenzgefühls heraus. Sinnhaftigkeit ist dabei die wichtigste Komponente. Erst das Gefühl, dass das Leben einen Sinn macht, macht die Vorgänge verstehbar und erlaubt die Erarbeitung von Handlungsstrategien. Fühlen, Denken und Handeln werden zur Einheit, einem Zustand, in dem alles zusammenpasst. Das Bedürfnis nach Stimmigkeit, Glück, also nach Kohärenz, ist angeboren. Aber es ist ein lebenslanger Prozess, diesen Zustand immer wieder herzustellen. Ausreichend häufige frühkindliche Erfahrungen sicherer Bindung bereiten gut auf diesen Prozess vor. Wenn Kinder von traumatisierenden Erfahrungen betroffen sind, macht es einen großen Unterschied im Hinblick auf die vermutlich zu erwartende Symptomatik, ob sie zuvor die Erfahrung von sicherer Bindung gemacht haben. Besonders in den ersten Lebensmonaten ist die körperliche Nähe zur Bindungsperson für das Kind überlebenswichtig. Hautkontakt, vertraute Stimmen, Geräusche und Gerüche erzeugen bei dem Kind auf ganz basaler Ebene das Gefühl, in Sicherheit zu sein. Jede neue Erfahrung, Auto fahren, der Staubsauger, Geräusche beim Spaziergang, all diese Eindrücke sind wichtig für die Gehirnreifung, da mit jeder Erfahrung neue Synapsen gebildet werden. Aber durch die neuen Eindrücke wird das kindliche Gleichgewicht immer wieder minimal ins Wanken gebracht. Erst eine Bindungsperson, die auf Stresssignale feinfühlig reagiert und das Kind coreguliert, ermöglicht ihm, die noch unbekannte Welt angstfrei zu erkunden. In vielfachen Wiederholungen von feinfühligem Beziehungsgeschehen und der zügig erfolgenden Coregulation erleben die Kinder, wie es sich anfühlt, Einfluss auf die Umwelt zu nehmen, z. B. wenn das Baby schreit, wimmert oder brabbelt und die Bindungsperson darauf reagiert. So erhalten die Kinder die Botschaft: „Du bist uns wichtig." So entsteht in der Beziehung zwischen Bindungsperson und Schützling eine wechselseitige sinnhafte Interaktion (Antonovsky, 1997). Kinder, deren Bindungssignale feinfühlig beantwortet werden, erfahren, dass sie mitentscheiden dürfen wann gegessen und geschlafen wird, wann es Zeit für eine Kuscheleinheit ist und wann Ruhe einkehren darf. Die Interaktion z. B. zwischen Baby und der Betreuungsperson sollte beim Erwachsenen einen (unbewussten) inneren Abwägungs- und Ausbalancierungsprozess beim Erwachsenen anregen und im Regelfall zu einer feinfühligen Hinwendung führen. Ob diese vom Baby als Beteiligung an Entscheidungsprozessen erlebt wird, hängt davon ab, ob das Kind positive affektive Zuwendung seiner Umwelt erfährt. So manifestiert sich sichere Bindung.

Da das Selbst des Kindes nur im Kontext des Anderen existiert, ist das Sammeln dieser sicheren Bindungserfahrungen entscheidend und prägend für die Selbstentwicklung (Fonagy et al., 2004). Der Religionsphilosoph Martin Buber drückt diese Gewissheit der eigenen Existenz durch die Beziehung zu anderen Menschen in dem Satz aus: „Der Mensch wird erst am Du zum Ich" (in Schwing und Fryser, 2013, S. 20). Das wechselseitige Erleben der eigenen Existenz durch die Existenz des anderen macht aus zwei Individuen eine Einheit, eine Familie, ein System. Wie in der Musik die einzelne Note wenig bedeutet und die Melodie erst durch das Zusammenspiel der Töne ihren Zauber offenbart, so ist der Mensch erst im Kontext bedeutungsvoll (Schwing und Fryser, 2013).

Zusammenfassend lässt sich sagen, dass das Erleben von Kohärenz nicht daraus besteht, niemals herausfordernde, vielleicht sogar belastende Erlebnisse bewältigen zu müssen. Kohärenz entsteht über die Fähigkeit, in Krisen auf Ressourcen zurückgreifen zu können oder auch sich neue Fähigkeiten zu erarbeiten. Gelingendes Leben beinhaltet somit insgesamt sowohl die Bewältigung von Belastungen und Krisen als auch die Bewältigung von Entwicklungsaufgaben.

So wie die Entwicklung von Kohärenzerleben beim Einzelnen durch Ressourcen und aus der Erfahrung der Bewältigung von Anforderungen entsteht, können sich auch andere Systeme gemeinsam als kohärent erleben (s. Abb. 3.1).

3.2 Wie Familienkohärenz und Resilienz gefördert werden können

Wie bereits erwähnt beschreibt der Begriff Kohärenzgefühl eine individuelle Ressource, die es Menschen ermöglichen kann, mit alltäglichen Beanspruchungen (Faltermaier, 2017), Belastungen und Krisen fertig werden. Als Familienkohärenzgefühl wird das Gefühl der Zusammengehörigkeit und das Wissen um vorhandene gemeinsame Kompetenzen einer Familie verstanden. Es ist ein Wir-Gefühl vorhanden, man ist überzeugt, das Leben gemeinsam meistern zu können, und alles Bemühen darum ergibt einen Sinn. Das Familienkohärenzgefühl beschreibt somit ein stimmiges Zusammenspiel von Veränderung und Stabilität innerhalb der Familie. So wird die Familie zu einem Ort, der Gesundheit

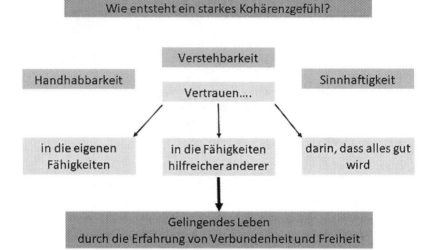

Abb. 3.1 Kohärenzentwicklung (Klappstein, 2020)

maßgeblich beeinflusst. Oft fehlt Kindern und Jugendlichen, die in ihrer Biografie extremen Belastungssituationen ausgesetzt waren, dieses stabile Vertrauen in die Familie als sicheren Ort. Kommt dieses Kind dann in eine neue Familie, gerät zunächst das gesamte vorhandene System in Bewegung. Dass es für das Kind besonders nach verschiedenen Stationen schier unmöglich ist, sich auf die versprochene Sicherheit in einer neuen Familie einzulassen, ist zu erwarten und nachvollziehbar. Den neuen Ort als wirklich sicher zu erleben braucht Zeit. Das Kind überträgt mitgebrachte Beziehungserfahrungen in das Familiensystem. Die Pflegefamilie bemerkt, dass ihre bewährten Fähigkeiten zur Problemlösung und Alltagsbewältigung adaptiert werden müssen. Angesichts der existentiellen Bedeutung der Gefühle, die das Kind mitbringt, ist es für die Pflegefamilie nicht immer einfach, diese als Übertragung zu erkennen. Hier hilft externe Unterstützung (z. B. durch Familiensupervision). Je stärker und stimmiger sich die betreuenden Pflegeeltern in ihren veränderten Rollen und Aufgaben fühlen, umso eher kann auch das Kind sich auf das Experiment einlassen und Sicherheit erleben. Der Umgang mit dem Kind sollte davon geprägt sein, die Erfahrung zu ermöglichen, sich selbstbestimmt und handlungsfähig zu erleben, immer mit der Gewissheit verfügbarer feinfühliger Unterstützung und schützender Begleitung durch die (Pflege-)Eltern.

Im Zusammenhang mit Bewältigungserfahrungen und gelingendem Leben soll hier das Konzept der Resilienz genannt werden. Mit Resilienz ist die Widerstandskraft gemeint, die aus der Bewältigung von Schwierigkeiten und Problemen gewonnen wird. Ein resilienter Mensch verfügt über Schutzfaktoren, auf die er im Notfall zurückgreifen kann. Resilient werden Menschen durch die Erfahrung der erfolgreichen Anwendung ihrer Bewältigungsstrategien. Resilienz stellt sich ein, wenn Geschehnisse in die eigene Geschichte integriert und als sinnhaft eingeordnet werden. Dieses Ordnen und Verarbeiten der Geschehnisse ist für traumatisierte Kinder ein mühsamer, oft lebenslanger Prozess. Wenn Kinder mit traumatischen Erfahrungen in einem sicheren Umfeld beginnen zu verarbeiten und anfangen, darüber zu berichten, was ihnen widerfahren ist, herrscht noch Unordnung. Manchmal scheint es, als ob sie Lügengeschichten erzählen würden. Zeit, Raum und Personen aus dem Dort und Damals finden möglicherweise keine Entsprechung im Hier und Jetzt. Die angemessene Reaktion auf solche vermeintlichen Lügen sind Verständnis und behutsame Hinweise. Bis die Geschichte des Kindes wirklich verstanden werden kann und mehr Klarheit über die tatsächlichen Abläufe entsteht, braucht es Zeit (siehe auch 4.3. Die drei Ebenen biografischer Belastungen). Bei allem löblichen pädagogischen Bestreben, Kinder zur Aufrichtigkeit zu erziehen, geht es hier nicht darum Lügen aufzudecken, sondern darum, die Fragmente der Wahrnehmung des Ereignisses feinfühlig zu sammeln und zusammenzufügen. Es gibt hier nur individuelle Wahrheiten! Resilient zu werden bedeutet, die Fähigkeit zu erwerben, die gemeisterten Krisen als Anlass für Entwicklung zu nutzen (Welter-Enderlin und Hildenbrand, 2006).

3.3 Vertrauensvolle Beziehungen zu Erwachsenen als Schutzfaktor

Die Konzepte Salutogenese und Resilienz sowie die Ergebnisse der unterschiedlichen Forschungsbemühungen dazu werden in der Schutzfaktorenforschung vereint. In den 1970er Jahren wurde im Rahmen der Kauai-Studie, einer der größten und umfassendsten Resilienzstudien überhaupt, gezeigt, dass Resilienz nur dann entstehen kann, wenn das Grundbedürfnis von verstehender Resonanz eines Kindes befriedigt wird (Krause und Lorenz, 2009). Somit wird die Erfahrung mindestens einer zuverlässigen frühkindlichen Bezugsperson zum wichtigsten Schutzfaktor überhaupt (Kustor-Hüttl, 2011). Diese elementare Beziehungserfahrung hat Auswirkungen auf die gesamte emotionale und kognitive Entwicklung des Kindes. Der Mensch als soziales Wesen braucht andere Menschen, um die potenziell vorhandenen Möglichkeiten auszuschöpfen und zu entwickeln. Bevor

Tab. 3.1 Schutzfaktorenkonzept. (Eigene Darstellung)

Schutzfaktoren des Individuums	Schutzfaktoren der Familie	Schutzfaktoren des Umfeldes
Hier sind alle Persönlichkeitsmerkmale und alle im Laufe des Lebens erworbene Fähigkeiten gemeint.	Die Familie, Eltern oder Geschwister sind wichtige Ressourcen, die, wenn im Außen alles schwierig und schmerzhaft ist, den sicheren Hafen darstellen.	Kinder, die in ihren Familien den sicheren Hafen nicht ausreichend vorfinden, suchen in ihrem Umfeld nach unterstützenden Personen.
• Intelligenz • ausgeglichenes Temperament • Empathiefähigkeit, • Aktivität (offen zu sein für Menschen und Aktivitäten) • Hilfsbereitschaft • frühe Selbstständigkeit • starkes Selbstwirksamkeitserleben	• Mindestens eine emotional stabile Person zu der eine enge Bindung besteht. Eltern oder nahe Verwandte • Geschwister, vor allem dann, wenn Eltern nicht als (zuverlässige) Bindungspersonen zur Verfügung stehen • Familienrituale • Gemeinsame Religion oder Hoffnung gebende Rituale	• Freunde und deren Familien als Ersatzfamilien • Lieblingslehrer*innen • fürsorgliche Nachbarn • verlässliche Vormünd*innen • Pastor*innen/Sporttrainer*innen usw.

wir uns damit beschäftigen, wie es gelingen kann, diese Schutzfaktoren zu fördern bei einem Kind, das die Erfahrung zuverlässiger früher Bindung nicht machen konnte, folgt hier eine Übersicht über die Faktoren, die sich insgesamt als schützend und stärkend herausgestellt haben (s. Tab. 3.1):

3.4   Die Förderung von Schutzfaktoren in der Pflegefamilie

Wie kommen wir nun Kinder, deren Sicherheitsbedürfnis tief erschüttert wurde, wieder zurück in den Kreis der Sicherheit? Dorthin, wo Zuverlässigkeit und Geborgenheit zu Hause sind, statt Angst und Erschütterung? Wie können Schutzfaktoren gefördert werden? Die Antwort ist recht einfach, die Umsetzung dafür aber oft umso schwerer: Bauen Sie für die Kinder und mit den Kindern einen sicheren Hafen! Kinder, die von den Stürmen des Lebens schwer geschüttelt wurden, brauchen vor allem Ruhe, Zeit und Sicherheit. Alles, was dazu beiträgt, dass sie sich als respektiert, wertgeschätzt und handlungsfähig erleben, hilft ihnen, auch erfolgreich in der Bewältigung von zukünftigen Krisen zu sein. Resilienz kann sich entwickeln und gefördert werden. Die folgende Auswahl wichtiger Schutzfaktoren soll zum Weiterdenken anregen. Kreativität und Feinfühligkeit der Bezugspersonen sind beim Bau des sicheren Hafens sehr wichtig. Kinder und Jugendliche mit traumatisierenden Erfahrungen sind oft skeptisch und zögerlich. Es fällt ihnen schwer, auch gut gemeinte, fürsorgliche Hilfeangebote anzunehmen. Kinder, die das Grauen gesehen haben, vertrauen keinem Hafen, nur weil bunte Fahnen wehen auf schicken Booten, in denen fröhliche Menschen sitzen. Manchmal müssen sie sogar die Hafenidylle so richtig aufmischen, um deren Grundsubstanz zu prüfen. Und das wiederholt, manchmal über Jahre hinweg. (siehe 2.4. Traumaassoziiertes Verhalten als Herausforderung für Eltern, Pflegeeltern und Fachkräfte).

Besonders wichtige Schutzfaktoren

Positive Rückmeldungen
Die Sicht auf die eigenen Fähigkeiten und Stärken ist Kindern in vielen Fällen als Folge der traumatischen Erfahrungen verloren gegangen. Machen Sie sich daher auf die Suche nach den Besonderheiten des Kindes und beschreiben Sie diese. Hier ist detailliertes Benennen des Beobachteten nötig: „Ich finde es schön, wie vorsichtig du heute mit den Katzen umgehst!", gerade wenn das Kind ansonsten eher grob mit den Haustieren ist. „Ich bin beeindruckt, dass du so schnell rennen kannst!", wenn das Kind ansonsten eher vermeidend und träge ist. „Du warst grade sehr wütend und hast es geschafft, dich zu beruhigen. Das finde ich sehr bemerkenswert!" Durch verbale Spiegelung erhält das Kind die Möglichkeit, sich selbst zu sehen.

Gestaltungsmöglichkeiten
Geben sie dem Kind innerhalb eines vorgegebenen Rahmens, der nur für die Sicherheit des Kindes wichtig ist, so viele Möglichkeiten, Gestaltungsmacht und Selbstwirksamkeit zu erleben, wie Sie es eben noch verantworten können. Darf das kleine Kind mit den Händen essen, was es möchte? Wählt das Vorschulkind zwischen Saft und Selters beim Abendbrot? Schauen Sie dem Kind im Schulalter, wenn Sie ihm Aufgaben übergeben, erst eine Weile zu, bevor Sie es korrigieren? Beobachten Sie geduldig, wie der Zweitklässler Schleife übt? Bieten Sie, nur wenn nötig, achtsam Unterstützung an, aber greifen Sie nicht zu schnell ein. Es gibt viele Wege, erfolgreich eine Aufgabe zu meistern. Bei Jugendlichen geht es eher darum, den Sinn der destruktiven Muster zu verstehen. Wenn Jugendliche lange in ihren belastenden Herkunftsfamilien waren und wechselnde Pflegestellen erlebt haben, mussten sie Wege entwickeln, um mit den Belastungen umzugehen. Diese Strategien erscheinen aus Ihrer Sicht als Pflegeeltern vielleicht nicht immer logisch, aber bedenken Sie: Die Art und Weise, wie das Kind/der Jugendliche seine täglichen Anforderungen organisiert, hat bis dahin sein Überleben gesichert und ist Teil seiner Identität geworden. Dieser Überlebensstrategie muss bei Jugendlichen mit maximal möglichem Respekt begegnet werden.

Verbindlichkeit

Seien Sie so verbindlich wie möglich, seien Sie als Person ein sicherer Ort für das Kind (vgl. Baierl, 2014). Bleiben Sie ehrlich in Ihren Aussagen. Versprechen Sie nicht: „Du kannst für immer bei uns bleiben!", sondern formulieren Sie präzise: „Solange Du bei uns bist, wollen wir immer sehr gut auf dich aufpassen!" Seien Sie authentisch in Ihren Reaktionen. Die Kinder werden Gefühle wie Wut, Traurigkeit und Hilflosigkeit bei Ihnen herausfordern und überprüfen, wie Sie mit diesen Gefühlen umgehen. Der sprachlich und körperlich gewaltfreie Umgang mit Gefühlen ist für die Kinder wichtiges Lernen am Modell.

Leibliche Eltern

Die leiblichen Eltern müssen einen exklusiven Ort in der Gefühlswelt des Kindes haben dürfen. Sie sind und bleiben ein Teil der inneren Welt des Kindes. Das Kind muss seine Eltern weiterhin lieben und vermissen dürfen. Es ist zentral wichtig, dass Sie an diesem Grundsatz festhalten, unabhängig davon, was das Kind aktuell äußert. Manche Kinder vermissen ihre biologischen Eltern und leiblichen Geschwister sehr und meiden trotzdem die Besuchskontakte. Manche wollen den Kontakt, haben aber große Angst davor. Das, was sich wie ein Widerspruch anhört, ist Ausdruck der unterschiedlichen inneren emotionalen Selbstanteile (siehe 2.1. Ein Kind, viele Gesichter).

Familienrituale

Jede Familie hat eigene Rituale. Seien Sie neugierig, welche Rituale das Kind in der Herkunftsfamilie und in vorhergehenden Pflegestellen kennengelernt hat. Die meisten Kinder werden diesbezüglich aus keinem besonders reichen Erfahrungsschatz schöpfen können. Binden Sie das Kind in die Gestaltung ihrer Familienrituale mit ein und seien Sie offen für Vorschläge. Gemeinsame Rituale helfen dabei, eine neue, gemeinsame Familienstärke zu entwickeln.

Vorherige Stationen

Wie bereits beschrieben suchen Kinder und Jugendliche nach unterstützenden Menschen in ihrem Umfeld, besonders dann, wenn die eigene Familie als Hafen wegbricht. Es ist sinnvoll, Personen, Orte und Institutionen aus dieser Zeit in das Leben des Kindes zu integrieren. Allein die Gewissheit der Möglichkeit von Kontakten hat eine nicht zu unterschätzende Wirkung auf die individuelle Kohärenzentwicklung: „Ich dürfte ja, wenn ich wollte ...!" Im Rahmen der Resilienzforschung ist erkannt worden, dass es bereits stärkend wirkt, wenn Wahlmöglichkeiten geschaffen werden. Ein anderer Schutzfaktor in diesem

Zusammenhang ist daher auch die Zusicherung an das Kind, über den Aufenthaltsort (mit-)entscheiden zu dürfen. Wer die Möglichkeit hat gehen zu dürfen, kann sich auch für das Bleiben entscheiden.

Schützendes Netzwerk
Um die Familienstärke auszubauen, ist es hilfreich, die Schutzfaktoren im eigenen Umfeld zu aktivieren und zu pflegen. Ein Pflegekind benötigt mehrere Dörfer (siehe 2.4. Traumaassoziiertes Verhalten als Herausforderung für Eltern, Pflegeeltern und Fachkräfte). Das bedeutet, dass Sie als Familie Unterstützung brauchen durch ein gutes Netzwerk mit Freunden und professionellen Personen, die aushelfen und Sie entlasten. Nutzen Sie auch die Verhinderungspflege! Auch Pflegeeltern werden krank, brauchen Zeit zum Durchatmen, Paarzeit und Zerstreuung, und dafür sind professionelle und private Unterstützungssysteme wichtig. Sie sind nicht alleine!

3.5 Gruppenkohärenz als Herausforderung in sozialen Einrichtungen

Menschen mit einem starken Kohärenzgefühl sind in der Lage, unterschiedlichste Copingstrategien anzuwenden. Sie können schnell aus einer Vielzahl passender Strategien auswählen und auf Anforderungen reagieren. Die Begleitung von Kindern und Jugendlichen ist häufig sehr herausfordernd und erfordert viele verschieden Reaktionen und Strategien. Analog zum Begriff der Familienkohärenz soll daher an dieser Stelle die Idee einer Gruppenkohärenz in professionellen Kontexten diskutiert werden (S. Tab. 3.2).

In der Arbeit mit traumatisierten Menschen, ist das Aufrechterhalten eines Wir-Gefühls im Team besonders wichtig, stellt aber gleichzeitig eine besonders verletzliche Größe dar. Familien, denen in vielen Fällen nichts anderes übrig bleibt als die Herausforderung anzunehmen, sind in der Regel sehr bemüht darum, dieses gemeinsame Gefühl und die daraus entstehenden Kompetenzen zu entwickeln.

In einem Team ist die Bildung eines Wir-Gefühls im Sinne einer Gruppenkohärenz aber schwieriger zu gestalten. Offenheit und persönlicher Austausch über die ablaufenden Prozesse und unterschiedliche Glaubenssätze sind zentrale Bedingungen dafür. Denn, anders als die Familie, ist ein Team nicht per se eine Schicksalsgemeinschaft. Das Wir-Gefühl wird oft erst dann spürbar, wenn es gegen einen gemeinsamen vermeintlichen Angreifer geht oder wenn es fehlt, wenn Arbeitsabläufe misslingen, Konflikte auftreten und die Zufriedenheit sinkt.

Tab. 3.2 Fallbeispiel Gruppenkohärenz. (Eigene Darstellung)

Prinzipien/Glaubenssätze sozialpädagogisches Team einer Jugendhilfeeinrichtung	Glaubenssätze eines ihrer zu betreuenden Jugendlichen
Menschen und Situationen sind veränderbar	Traue niemanden: Verschwiegenheit, Einzelkämpfer
Bedingungslose Akzeptanz als Arbeitsvoraussetzung	Hohe emotionale Mauern geben Sicherheit
Die Welt ist nicht gerecht, also bemühe ich mich um Gerechtigkeit und der Förderung von Möglichkeiten	Aggressionen helfen gegen die Angst
Zuversicht und Glaube an eine positive Wendung	Ich fühle mich klein und wertlos: mangelndes Selbstbild
Was das Leben schöner macht: Spaß, Humor, Leichtigkeit, Gemütlichkeit, Wärme und Geborgenheit	Bevor mich andere zerstören, zerstöre ich mich selbst (Selbstverletzendes Verhalten)
Ich möchte Sicherheit, Verlässlichkeit und Kontinuität vermitteln	Ich brauche meine Freiheit
Ehrlichkeit und Respekt	Ich erkämpfe mir Achtung

Im Rahmen einer Superversion kann, mit unterstützenden Fragen, an der Teamkohärenz gearbeitet werden: Was sind Ihre 3 wichtigsten Lebensprinzipien oder Glaubenssätze der Teammitglieder? Wie schaffen Sie es, Ihren Prinzipien treu zu bleiben? In welcher Situation ist es Ihnen gelungen, unter schwierigen Bedingungen Ihren Prinzipien treu zu bleiben? Im zweiten Schritt kann das Team überlegen, welche Glaubenssätze bei dem zu betreuenden Kind oder Jugendlichen gesehen werden.

Die Betrachtung dieser beiden Stränge zeigt, wie gegensätzlich und scheinbar unvereinbar die jeweiligen Ansichten sind. Hilflosigkeit und Frust machen sich schnell breit. Auf gut gemeinte professionelle Angebote keine Resonanz zu bekommen, laugt das Team aus. Man beginnt einen Jugendlichen mit herausforderndem Verhalten als Feind zu erleben und wechselt vom professionellem „Er kann nicht (aufgrund seiner Biografie)!" zum persönlichen „Er will (mich/uns) nicht! (aufgrund der eigenen Biografie)!". Die Betrachtung in der Supervision kann neue Möglichkeiten und neue professionelle Distanz schaffen. Gegenseitiges Bemühen um Verständnis und Anerkennen der biografischen Bedingtheit des Soseins öffnen (wieder) Türen. Dies ist ein Prozess, kein bleibender Zustand. Traumatisierte Kinder übertragen ihre Wut und Enttäuschung in Familien und Institutionen. Sie reinszenieren unbewusst ihr früheres ungewollt Sein, fühlen sich dann aber existenziell bedroht und sind dadurch nicht arbeitsfähig. Nur durch das aktive Bemühen des Teams wird die Arbeitsfähigkeit wiederhergestellt. Es ist die Aufgabe der Erwachsenen, in Kontakt mit dem Kind zu gehen, es zu regulieren und so seine Gesprächs- und Therapiefähigkeit wiederherzustellen.

Was ist Psychoedukation 4

Psychoedukation ist der Versuch, dem nicht medizinisch oder psychologisch ausgebildeten Menschen einen komplexen medizinischen oder psychologischen Sachverhalt zu erklären und damit seinen Heilungsprozess zu unterstützen. Im Rahmen der Psychotherapie, Psychosomatik und Psychiatrie allgemein hat die Methode der Psychoedukation daher einen besonders hohen Stellenwert. Gar nicht zu überschätzen ist aber die Bedeutung der Psychoedukation im Kontext der Psychotraumatologie und Traumapädagogik.

4.1 Jedes Kind will verstanden werden

Wenn wir im Rahmen unserer klinischen Tätigkeiten Kinder und Jugendliche kennenlernen, dann bringen sie und ihre Eltern bzw. Bezugspersonen oft eine eigene Theorie darüber mit, wie die emotionalen oder Verhaltensprobleme ihrem Erleben nach entstanden sind. Manchmal weichen die Ideen der Kinder und Eltern voneinander ab. Die Psychoedukation hilft dabei, eine gemeinsame Erklärung zu entwickeln. Sie kann eine logische Verbindung herstellen zwischen den Symptomen im Hier und Jetzt und den Ereignissen im Dort und Damals.

Was wir mit Psychoedukation erreichen können, ist, emotionale Probleme und Verhaltensschwierigkeiten vor dem Hintergrund der früheren Ereignisse zu deuten und zu erklären, und so einen ersten Beitrag zur Beruhigung des Kindes

Elektronisches Zusatzmaterial Die elektronische Version dieses Kapitels enthält Zusatzmaterial, das berechtigten Benutzern zur Verfügung steht. https://doi.org/10.1007/978-3-658-32058-4_4

33

und des Familien- bzw. Bezugssystems zu leisten. In den Beispielen für Psychoedukation, die wir Ihnen im weiteren Text zur Anwendung vorstellen möchten, sind jeweils verschiedene Komponenten enthalten. Diese nachfolgend aufgelisteten Komponenten gehören unserer Einschätzung nach zu einer vollständigen Psychoedukation: Entlastung, Externalisierung, Ich-Stärkung, Normalisierung und Autonomie stärken. Wir ermutigen ausdrücklich dazu, auch eigene Beispiele zu entwickeln und dabei zu beachten, dass alle Komponenten verwendet werden. (vgl. Hensel, 2017; siehe auch 4.4. Wichtige Elemente der Psychoedukation als Einstieg in die Verarbeitung).

Menschen wollen sich selbst verstehen und eine individuelle, Sinn stiftende Erklärung finden für das eigene Leben und Leiden. Sie erschaffen sich eigene Theorien darüber, wie es zu ihrer Erkrankung gekommen sein könnte, um ihr Bedürfnis nach Orientierung und Kontrolle zu befriedigen, der Fachbegriff dafür ist subjektive Krankheitstheorie, (vgl. Grawe, 2005). Erst wenn die Welt (wieder) erklärbar wird, können Handlungsstrategien (siehe 3. Kohärenz, Resilienz, Schutzfaktoren und was für Pflegeeltern schwierig sein kann) erarbeitet werden. Wenn es gelingt, gemeinsam mit ihm eine für das Kind nachvollziehbare Erklärung zu finden für sein stressorbedingtes Verhalten, dann wird das Verhalten für das Kind selbst und auch für sein Umfeld verständlich und Beruhigung ist möglich. Psychoedukative Modelle können helfen, Erklärungen zu entwickeln und Worte für das Unsagbare zu finden. Mit Worten werden Tatsachen geschaffen, sie haben Macht. Deswegen kann Psychoedukation Kindern wieder einen Teil der verlorenen Macht zurückgeben.

Im Rahmen der Psychoedukation stellen wir- ausgesprochen oder unausgesprochen- eine Hypothese darüber auf, wie die Probleme entstanden sind. Um das tun zu können, müssen wir einige wenige relevante Eckdaten der biografischen Ereignisse kennen. Wir formen dann aus diesem biografischen Wissen und den intuitiv erfassten subjektiven Erkrankungstheorien über das Entstehen der Symptomatik (siehe 2.2. Das Eisbergmodell und die kompensatorische Verarbeitung von Erlebnissen) ein psychoedukatives Narrativ. So versuchen wir einen Ansatzpunkt herzustellen für eine im weiteren Prozess zu entwickelnde subjektive Heilungstheorie. Wir erfinden die Geschichte im wahrsten Sinne des Wortes mit dem und für das Kind neu. Dabei spielt es eine untergeordnete Rolle, ob diese Geschichte wahr in dem Sinn ist, dass sie vollständig faktisch und chronologisch korrekt ist. Sie muss für das Kind sinnvoll sein.

4.2 Die Ziele von Psychoedukation

Mit Hilfe von Psychoedukation soll das Kind beruhigt werden und eine Möglichkeit erhalten, an seinem Heilungsprozess aktiv mitzuarbeiten. Es ist entscheidend wichtig, die Frage nach dem Grund des Entstehens der Symptomatik auf eine Weise zu beantworten, die das Kind entlastet. Es wirkt z. B. entlastend, wenn eine Fachperson ihm erklärt: „Wenn du so etwas Schlimmes erlebt hast, dann ist es doch ganz natürlich und vollkommen nachvollziehbar, dass du jetzt so reagierst! Jeder Mensch, dem so etwas zugestoßen ist, würde genauso reagieren!" Damit wird das Kind oder der Jugendliche einerseits entlastet vom Gefühl verrückt zu sein und erhält gleichzeitig einen Expert*innenstatus für seine eigenen Angelegenheiten. Über Psychoedukation soll eine Beziehung auf Augenhöhe entstehen mit dem Ziel der gemeinsamen Bearbeitung der Traumafolgen. Es spricht nicht der Gesunde zum Kranken, der (scheinbar allwissende) Arzt zum geduldigen Patienten, sondern ein erfahrener Bergführer zu einer Person, die eine große Last trägt und für den vor ihr liegenden steinigen Weg noch nicht die beste Ausrüstung zur Verfügung hat.

Als erster Schritt wird bei der Psychoedukation also die kognitive Ebene adressiert, um der im Kern affektiven Symptomatik zu begegnen. Dies ist die dritte Ebene des Leidens (siehe 4.3. Die drei Ebenen biografischer Belastungen), die Ebene der Persönlichkeitsveränderung und der Verzweiflung, sich selbst nicht mehr zu erkennen und den äußeren Ansprüchen nicht mehr genügen zu können. Sie ist es, die wir mit der Psychoedukation ansteuern und erreichen können. Dabei ist es wichtig, mit dem Kind in vertrauensvollen Kontakt zu sein. Das Kind selbst muss in der Regel gar nicht zu biografischen Ereignissen befragt werden. Es ist ausreichend, wenn es seinen Kummer im Hier und Jetzt schildert. Die Psychoedukation selbst muss nicht zwingend hundertprozentig biografisch korrekt und nicht vollständig sein. Einige wenige Eckdaten reichen aus.

BEISPIEL

„Miloš, ich weiß, dass du, als du als Baby noch bei deiner Bauchmama gewohnt hast, manchmal nicht genug zu essen und zu trinken bekommen hast. Außerdem waren dort viele Katzen und Hunde, vor denen du Angst hattest, weil sie an dir geleckt haben!" (Das Kind wurde mit Erscheinungen schwerer körperlicher Vernachlässigung, vollkommen verschmutzt, durch die Polizei aus dem mütterlichen Haushalt gerettet und in Obhut genommen. Dort waren zahlreiche Katzen und Hunde, die das Kind teilweise auch attackiert hatten.)◄

Es ist nicht nötig, das Kind in diesem Schritt mit zahlreichen belastenden Details von Erlebnissen und den assoziierten Gefühlen und Gedanken der Vergangenheit zu konfrontieren. Daher ist Psychoedukation als erster Schritt eine weitgehend schonende traumapsychologische/-pädagogische Methode. Je länger die Ereignisse zurückliegen und je mehr die negativen Gedanken über sich selbst beim Kind schon zur Gewohnheit geworden sind, umso schwerer ist es aber für uns, das Kind zu erreichen. Wenn das Kind schon gelernt hat, über sich selbst zu denken „Ich bin dumm, schlecht, unruhig, aggressiv!", wenn also die Symptomatik schon so lange besteht, dass sie zum Teil der Identität des Kindes geworden ist, dann kann es sein, dass Psychoedukation alleine nicht hilft (Mehr dazu siehe 6.2.).

4.3   Die drei Ebenen biografischer Belastungen

Beim Versuch, die biografischen Berichte von schweren Belastungserlebnissen und deren Auswirkungen zu ordnen, finden sich drei Ebenen des Leidens:

Chronologisch erscheint zunächst die primäre belastende Lebenserfahrung. Das Ereignis ist mit katastrophalen Gefühlen verbunden, mit dem Erleben des Schreckens, der Überwältigung und der Ohnmacht. Wenn wir das Kind kennenlernen, sollten diese Gefühle eigentlich vergessen und verarbeitet sein, da die auslösenden Ereignisse schon weit in der Vergangenheit liegen. Bei der Verarbeitung solcher Ereignisse entwickeln sich aber bei etwa einem Drittel der Betroffenen schwere Probleme. Ein wichtiger Aspekt der Probleme ist, dass die Erfahrung der Hilflosigkeit von den Betroffenen selbst häufig als Scheitern bewertet und abgespeichert wird. Besonders Kinder interpretieren z. B. ihre Wehrlosigkeit in der Belastungssituation als eigenes Versagen. Diese verzerrte Wahrnehmung ist gleichzeitig Ursache und Folge der falschen Interpretation der Erlebnisse. Daraus entwickelt sich häufig ein subjektiv bedeutsamer Stressor. Damit ist gemeint, dass die größte Belastung nach dem Ereignis daraus entsteht, wie die Person über sich selbst und die Situation denkt und fühlt. Es bilden sich entsprechende sekundäre Muster des Denkens, Fühlens und Verhaltens als Versuch der Psyche, die Gefühle, Gedanken, Erinnerungen und Orte zu vermeiden, die an die Traumasituationen erinnern. Die Muster sollen einen möglichst großen emotionalen Abstand zu den Erlebnissen sicher stellen, um das seelische Gleichgewicht zu bewahren und vor erneuter Überflutung zu schützen. Aus dieser Vermeidung entstehen dann aber weitere Probleme.

BEISPIEL

Paula geht in die 3. Klasse einer Grundschule und bewältigt den Weg nach Hause ganz allein. Sie liebt diesen Weg, da es immer wieder Neues zu entdecken gibt. Sie schaut gerne in die Gärten ihrer Nachbarschaft. Ein Haus betrachtet sie besonders gern. An diesem besonderen Tag steht sie wieder vor dem schönen Haus. Ein blaues Auto hält. Der Fahrer spricht sie durch das Fahrerfenster an. Sie geht dichter an das Fahrzeug ran. Der Mann greift zu, versucht sie in das Auto zu ziehen. Er tut ihr weh. Sie hat Angst, kann nicht schreien, windet sich und tritt gegen die Fahrertür. Der Mann lässt los. Fährt weg. Paula rennt nach Hause. Ihre Mama weiß, dass Paula manchmal die Zeit vergisst, und so plant sie für den 10-minütigen Heimweg immer eher 30 min ein, bevor sie schaut, wo Paula bleibt. An diesem Tag kommt Paula aber gar nicht zu spät nach Hause. Dass etwas passiert ist, wäre der Mutter gar nicht aufgefallen, wenn Paula nicht auf einmal Ängste gezeigt hätte. Sie beginnt wieder nachts einzunässen. In der folgenden Zeit will Paula nicht mehr allein zur Schule und nach Hause gehen. Sie hat große Angst vor blauen Autos. Paula macht sich Vorwürfe: Warum nur ist sie so nah an das blaue Auto herangegangen? Sie mag ihr blaues Kleid nicht mehr.

Paula interpretiert die tatsächlichen Machtverhältnisse der Situation falsch, hält sich für schwach. Sie denkt, dass sie sich nicht habe wehren können. Weil sie das Erlebte noch nicht verarbeitet hat, entwickelt sie nun Ängste, zur Schule zu gehen. In der Schule ist es oft laut, es herrscht ein Gedrängel, man berührt sich im Treppenhaus. All das erinnert Paula an den Überfall. Die ursprünglich auf die Überfallsituation bezogene Angst wird also allmählich größer und generalisiert. Aus einem Schneeball wird eine Lawine (Hensel, 2017). Aus der Angst in der Situation entsteht eine allgemeine Vermeidung: Schließlich entwickelt Paula Schulverweigerung als sekundäre Symptomatik.◄

Da das Kind selbst in der Regel eine ganz wertvolle Idee davon hat, warum und wieso es „diese blöde Angst" hat, es aber weder alleine noch mit Hilfe der Eltern in der Lage ist, das Problem zu lösen, entsteht die tertiäre Ebene: Kinder erleben ein großes Unglück darüber, dass kompensatorische Probleme bestehen, und zwar wider besseren Wissens. Paula weiß, dass sie wegen des Übergriffs Angst hat zur Schule zu gehen und, dass die Schule eigentlich nichts damit zu tun hat. Trotzdem macht ihr die Atmosphäre Angst. Dieser Befund ist vielleicht ganz besonders bedeutsam für Kinder mit aggressiven Symptomen. Sie reinszenieren und erleben immer wieder Ablehnung und Ausstoßung, da ihr Verhalten tatsächlich häufig schwer zu ertragen und sozial inkompatibel ist. Oft halten sich Kinder und Jugendliche für verrückt oder dumm, weil sie dieses oder jenes (immer wieder) tun (müssen) oder nicht schaffen (können). Das Verständnis der Umwelt nutzt sich ab. Erwachsene, die auf das Kind einwirken mit gutgemeinten Fragen, wie „Warum machst du das bloß immer wieder?" und wohlmeinende (Pflege-)Eltern, Lehrkräfte oder Schulsozialarbeiter*innen, sind keine große Hilfe, wenn sie das Kind drängen, ohne die Bedeutung der Symptomatik zu verstehen: „Du kannst das doch besser, du hast es doch schon früher geschafft!"

Wir wünschen uns für diese Kinder Erwachsene, die sie im Alltag in der Bewältigung der Anforderungen zuverlässig und feinfühlig begleiten, ihnen erklären, wie ihre Probleme entstanden sein könnten und mit ihnen an den Herausforderungen das Alltags arbeiten. Psychoedukation ist nichts, das einmalig vom Fachmann durchgeführt wird und damit erledigt ist. Sie sollte in passenden, auch in nicht therapeutischen Kontexten, vielfach wiederholt und mit dem Ziel angewandt werden, Kindern im Alltag zu helfen, sich selbst, ihre Gefühle und ihr Verhalten zu verstehen.

4.4   Wichtige Elemente der Psychoedukation als Einstieg in die Verarbeitung

Element 1: Entlastung
Wenn Hypothesen über die ursächlichen Zusammenhänge des Ereignisses gebildet werden, sollten diese zu einer vollständigen Entlastung des Kindes führen, sodass unmissverständlich klar wird, dass die Verantwortung nicht beim Kind liegt (vgl. Hensel 2017). Die Verantwortung liegt beim Erwachsenen. Tatsächliche Machtverhältnisse werden nicht geleugnet. Die verzerrte Wahrnehmung des Kindes, das sich selbst beschuldigt, entwertet und gleichzeitig den Erwachsenen idealisiert, wird korrigiert.

Element 2: Externalisierung
Aktuelles Fehlverhalten oder emotionale Probleme sind nicht vom Kind gewollt. Fehlverhalten wird ausnahmslos als Folge traumassoziierten Kontrollverlusts attribuiert: „Das Ereignis ist schuld!" Fehlverhalten als Folge eines Kontrollverlustes wird nicht sanktioniert.

Element 3: Ich-Stärkung
Durch Darstellung der Symptomatik als nicht zum Kind gehörend, der Fachbegriff dafür ist ich-dyston, wird das Kind gestärkt. Wir formulieren nicht: „Du bist wütend", sondern „Ein Teil von dir, der sich an das Ereignis erinnert, hat

viel Wut!" Wir nehmen Partei für die Angelegenheiten des Kindes und stehen bedingungslos hinter ihm. Wir betonen, dass es einen inneren Beobachter, einen inneren Weisen (Garbe, 2015) gibt, der als Vorsitzender einer phantasierten Tafelrunde (Krüger, 2013) die Fähigkeit hat, zu verstehen, welcher innere Teil welche Problematik verursacht. Er kennt die verletzten Selbstanteile und stellt eine innerpsychische höhere Instanz im Sinne eines Ichs dar.

Element 4: Normalisierung/Entpathologisierung
Wir beschreiben die Symptomatik als normale Reaktion auf unnormale Ereignisse: „Jeder, der so etwas erlebt hat, würde so reagieren!". Dieses Framing führt zu einer Entpathologisierung der Symptomatik. Wir sagen nicht: „Du fühlst dich zu schnell ungerecht behandelt!" sondern: „Es war ungerecht, dass entschieden werden musste, dass du nicht bei deinen Eltern leben konntest. Es ist klar, dass du empfindlich reagierst, wenn du dich wieder ungerecht behandelt fühlst!" Das entspricht auf einfühlsame Weise dem inneren Erleben des Kindes. Auch, wenn wir als Erwachsene wissen, dass eine Inobhutnahme im besten Sinne und zum Schutz des Kindes erfolgt ist und unvermeidlich war. Es gilt, vollständig die Sichtweise des Kindes einzunehmen. Je jünger Kinder sind, desto mehr erleben sie sich selbst im Mittelpunkt des Universums. Es ist besonders wichtig, Kleinkinder (oder kleinkindliche Selbstanteile) von der Verantwortung für negative Ereignisse der Vergangenheit zu entlasten, indem wir versichern, dass ihre Reaktionen auf die Ereignisse nachvollziehbar sind. Und es ist gleichzeitig auch wichtig, von ihnen weiterhin Anpassung und Regeleinhaltung einzufordern, wo sie es tatsächlich schaffen können.

EXKURS Sprache: Kompliziertes einfach zu formulieren ist manchmal eine Herausforderung. In unseren zusätzlichen Onlinematerialien finden Sie Praxisbeispiele (siehe Onlinematerial).

Element 5: Autonomie stärken/Hoffnung säen
Wir wollen die Autonomie des Kindes stärken, die Wahl- und Entscheidungsfreiheit betonen, einen „Hoffnungssamen säen" (Hensel, 2017). Die Folgesymptome der schlimmen Erfahrungen können aufgehoben werden. Es ist wichtig, an die vorhandenen Ressourcen anzuknüpfen, das Kind darauf hinzuweisen, dass es innewohnende Kraftquellen und Kompetenzen hat, die ihm dabei helfen, mit dem Ereignis zurecht zu kommen. Wie schrecklich das Erlebte auch immer gewesen sein mag, das Kind hat überlebt. Wir glauben daran, dass es in jedem Menschen einen inneren, unverletzbaren Kern gibt, der vom Schicksal oder dem Täter nicht

getroffen werden kann. Überlebt zu haben ist manchmal die einzige greifbare Ressource.

Alle Elemente zusammen genommen, können als Methode einen Einstieg in einen Verarbeitungsprozess darstellen. Mit dem Versprechen, dass wir dem Kind helfen können, die Symptome seiner Problematik zu vermindern oder auch zum Abklingen zu bringen, generieren wir Hoffnung. Es ist nicht einfach, es erfordert eine enge Zusammenarbeit, aber es ist möglich, Kindern und Erwachsenen wieder Vertrauen zu schenken, ihre Ratschläge zu prüfen und umzusetzen. Es gibt Hoffnung!

BEISPIEL

Als Jenny einen Autounfall erlebte, waren eine Woche danach hauptsächlich zwei Erinnerungsbilder in ihr aktiv. Der Vater saß am Steuer, sie saß auf der Rückbank. Da waren der Moment kurz vor dem Aufprall und der andere Moment, als sie nach dem Crash auf der Straße lag und immer wieder nach ihrem Papi rief, weil sie dachte, der Papi sei tot. Dann, nur einen Augenblick später, beugte sich der Feuerwehrmann über sie und sagte, dass der Papa in Ordnung ist. Als sie zur Behandlung in die Traumaambulanz kam, war sie trennungsängstlich geworden und konnte trotz ihrer 13 Jahre nicht mehr alleine schlafen.◄

Traumatisierung entsteht, wie wir schon erläutert haben, wenn Menschen sich in Situationen vollständig hilflos und ohnmächtig gefühlt haben, keine Chance hatten, daraus zu entkommen, und ist mit realer Todesgefahr, Todesangst oder der Angst, dass nahe Angehörige zu Tode kommen, verbunden. Das oberste Ziel im Rahmen der traumapädagogischen, -psychologischen und -therapeutischen Begleitung sollte daher sein, Menschen zu helfen, sich wieder als kraftvoll und wirkungsmächtig erleben zu können. Da wir davon ausgehen, dass der Kern des Leidens der betroffenen Kinder und Jugendlichen ist, dass sie sich damals so gefühlt haben, als ob sie nichts machen könnten, wollen wir ihnen jetzt vor allem dabei helfen, dass sie- unter Berücksichtigung ihres Alters und Entwicklungsstandes- über ihr Leben mitbestimmen und ihr weiteres Schicksal gestalten können. So versuchen wir unseren Beitrag zum Kinderschutz im Alltag zu leisten.

4.5 Die Biografie für das Kind ordnen- Das dreischrittige Narrativ

Aus traumapsychologischer Sicht ist es ein wichtiges Ziel, die noch ungeordnete Geschichte des Kindes für und mit ihm zu ordnen. Für Menschen mit traumatischen Erlebnissen (siehe Kapitel 2. Traumatisierung- Versuch einer Einordnung) ist es schwierig, diese Erlebnisse als zusammenhängende Geschichte zu erinnern und wiederzugeben ohne von Gefühlen überflutet zu werden. Fachleute sagen kurz: „Trauma ist ahistorisch". Gleichzeitig aber können unangenehme, mit dem traumatischen Erlebnis zusammenhängende Gefühle, Gedanken und Beziehungsmuster durch sogenannte Hinweisreize oder Trigger im Alltag reaktiviert werden. Die Muster werden dann von den Betroffenen so unmittelbar wiedererlebt, dass es sich für sie so anfühlt, als ob die Situation jetzt gerade wieder passieren würde. Darunter leiden sie sehr. Einerseits können also lebhafte Detailerinnerungen durch geringste Hinweisreize dramatisch schnell reaktiviert werden. Weniger bekannt ist, dass es andererseits scheinbar keine oder nur wenig Erinnerung an eher neutrale, nebensächliche Details gibt.

Es ist schwierig, die „Geschichte" als Ganzes zu fassen und Worte dafür zu finden. Fachleute sprechen davon, dass eine Hypermnesie, also ein übersteigertes Erinnern, und gleichzeitig eine partielle Amnesie vorliegen, also die Unfähigkeit, bestimmte Details zu erinnern. (Piefke und Markowitsch, 2009).

Eines der wichtigsten Ziele bei der Begleitung traumatisierter Menschen sollte daher sein, ihnen zu helfen, wieder die Eignerschaft über ihre Geschichte zu erlangen. Dabei ist es unerheblich, ob es sich um traumapsychologische, -psychiatrische oder -pädagogische Arbeit handelt, solange diese gemeinsame Zielvorstellung klar definiert ist.

▷ Wir schlagen daher als ein wesentliches Ziel der Begleitung traumatisierter Kinder, Jugendlicher oder Erwachsener vor, dass wir mittelfristig ein Narrativ erarbeiten wollen, welches sich aufgliedern lässt in einen Teil, der zeitlich vor, einen, der während, und einen, der nach dem traumatischen Ereignis einzuordnen ist. „Vorher", das ist die Zeit in der noch alles gut war, auch wenn sie manchmal nicht länger als eine Sekunde oder ein Augenblick lang war. Das „Während" beschreibt manchmal ein einziges singuläres Ereignis, manchmal ein jahrelanges Leiden. Und „Danach", das ist, wenn alles vorbei ist, wenn die Kinder und Jugendlichen in unserer Begleitung/Betreuung/Behandlung sind. Das Kind sollte schließlich als Ergebnis der Bemühungen in der Lage sein, über seine Erlebnisse zu berichten, ohne dass es zu einer emotionalen Überflutung kommt und ohne dass Affekte dissoziiert werden müssen. Die Anwendung von Psychoedukation wird somit Teil eines größeren Konzepts, nämlich der Erarbeitung des dreischrittigen Narrativs.

Psychoedukative Erklärungsmodelle   5

5.1 Häschen und Denker

Zusammenfassung

- Die Funktionen des präfrontalen Kortex sind bei traumaassoziiertem Stress nicht verfügbar
- Die Reaktionen geschehen vorwiegend im limbischen System (Hippocampus, Amygdala)
- Hyperarousal
- Negative Gedanken/Grübeln
- Subjektive Erinnerungen/objektive Erinnerungen

◄

Erklärung für Kinder Alles, was in unserem Körper geschieht, alles, was wir fühlen und denken, wird durch unser Gehirn gesteuert. Unser Gehirn achtet auf uns und schützt uns gut. Auch Angst zu haben ist für uns wichtig, obwohl das Gefühl an sich unangenehm ist. Angst zu haben ist ein großer Vorteil, weil Angst uns wachsam und umsichtig macht. Angst hilft uns dabei, dass uns nichts passiert. Die Stelle im Gehirn, die auf „Angst" spezialisiert ist, reagiert ein bisschen wie ein Häschen bei Gefahr. Ein Häschen reagiert auf eine Bedrohung automatisch mit Flucht. Wenn ich z. B. im Garten einen Schatten sehe, erschrecke ich mich. Mein Häschen hat den Schatten als Monster eingestuft. Wenn es möglich ist, dann laufe ich weg oder fange an zu schreien. Meine Muskeln sind angespannt, mein Herz schlägt schnell. Wenn ich kann, dann bin ich auch blitzschnell bereit zu kämpfen. Das Häschen reagiert immer superschnell und sendet die Nachricht, dass Gefahr droht an den Denker. Er ist anderer wichtiger Teil unseres Gehirns. Der Denker reagiert sehr viel langsamer und bedächtiger, liefert aber für alles eine logische Erklärung. Diesen Teil des Gehirns braucht man zum Beispiel zum Rechnen. Der Denker braucht eine Weile, bis er Situationen analysiert hat. Das Häschen muss schnell sein und kann nicht auf Erklärungen warten. Um möglichst schnell zu sein, ist das Gespräch mit dem Denker blockiert, wenn das Häschen reagiert. Und erst wenn der Denker wieder mit dem Häschen redet, kann sich das Häschen beruhigen. Der Denker schickt die logische Erklärung hinterher: „Ach, das war doch nur der Wäscheständer, den ich im Dunkeln auf der Terrasse gesehen habe." Das Problem ist, dass es ganz gleich ist, ob es um eine wirkliche Gefahr geht z. B. um einen großen LKW, der über die Straße donnert, oder eine eingebildete Gefahr, wie den Schatten des Wäscheständers. Der Körper reagiert immer gleich.

Erklärung für Erwachsene Mit den Symbolen Häschen und Denker (s. Abb. 5.1) ist dieses Modell insbesondere für jüngere Kinder geeignet. Mit seiner Hilfe können wiederkehrender posttraumatischer Stress mit Freeze bzw. dissoziativen Zuständen besonders gut erklärt werden. Kinder, die viele negative Erlebnisse hatten, sind viel empfindlicher und schreckhafter als andere Kinder (Hantke und Görges, 2012).

Wenn diese Stressreaktionen ohne übermäßig viel Aufregung verlaufen, denken wir nicht viel darüber nach. Im Nachhinein bleibt das Erlebnis als eine Geschichte unter vielen in Erinnerung. Ich kann dann sagen: „Gestern Abend habe ich mich so sehr erschreckt, aber, stell Dir vor, es war nur der Wäscheständer auf meiner dunklen Terrasse."

Hyperarousal Bei einem traumatischen Erlebnis, bei dem uns kein Raum für Kampf oder Flucht bleibt, reagiert unser Häschen mit einer vollkommen instinktiven Schreckstarre, dem Totstellreflex. Der Körper ist in einem Zustand wie eingefroren, der Fachbegriff dafür ist Freeze, und Kommunikation zwischen Häschen und Denker findet gar nicht mehr statt. Im Tierreich ist das die Taktik, um zu erreichen, dass der Gegner loslässt und so dem erbeuteten Tier die Möglichkeit der Flucht eröffnet wird. Das Häschen fühlt und erlebt alles in dieser Situation, alle Hormone sind aktiviert, aber, weil es keinen Ausweg gibt, erhält es auch keine logische Erklärung vom Denker dafür.

Negative Gedanken/Grübeln Es kann sein, dass der Denker, wenn die Gefahr lange vorbei ist, automatische Gedanken produziert, was zu depressiven Zuständen mit körperlichen Symptomen wie Unruhe und Schlafstörungen führt. Die Gedanken drehen sich häufig um Schuld und Verantwortung: „Warum bin ich nicht weggelaufen? Warum habe ich mich nicht gewehrt?" Die Antwort auf diese

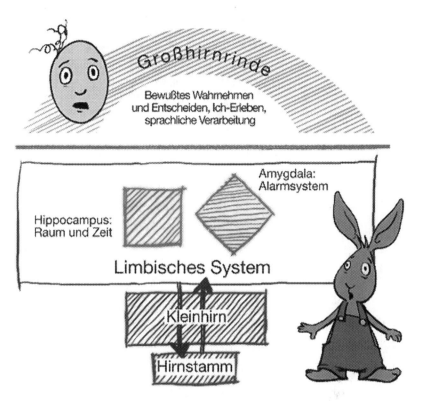

Abb. 5.1 Häschen und Denker. (Quelle: Mit freundlicher Genehmigung des Verlag Junfermann)

Fragen sollte dann sein: „Weil es nicht möglich war! Die Bedrohung war zu groß!"

Subjektive/objektive Erinnerungen Man geht davon aus, dass die Erlebnisse in traumatisierenden Situationen anders bzw. in anderen Regionen des Gehirns gespeichert werden, als Erlebnisse ohne Überflutung. (vgl. z. B. Krause und Kirsch, 2002, auch Piefke und Markowitsch, 2009) Das Wissen über spezielle Verarbeitungs- und Speicherungsprozesse liefert eine nachvollziehbare Erklärung dafür, warum traumatisierte Kinder oft nicht in der Lage sind, Details objektiv korrekt zu erinnern (siehe Abschn. 4.5. Die Biografie für das Kind ordnen- Das dreischrittige Narrativ). Erst wenn im Gehirn der Kontakt zwischen Denker und Häschen besteht, spielen Details aus den Kategorien wie Zeit und Raum wieder eine Rolle. Das Modell erklärt, warum dies im Moment der Gefahr sinnvoll ist: In Notfallsituationen garantiert instinktives schnelles Reagieren das Überleben. Langes Nachdenken und Analysieren, innere Abwägungsprozesse wären dahingegen nicht sinnvoll. Auch im Nachhinein ist das Erinnern und Einordnen von Details der traumatischen Szenen schwierig. Daher müssen aus unserer Sicht Pflege- und Adoptiveltern unbedingt über die relevanten Details der Belastungserfahrungen des Kindes Kenntnis haben. Nur so können sie dem Kind dabei helfen, seine Geschichte einzuordnen und zu verarbeiten.

Übrigens: Traumatherapeutische Methoden wie EMDR setzen genau hier an. In einem ruhigen, nicht bedrohlichen Setting werden die Erinnerung an Details wieder aktiviert, sortiert, zusammengefügt und neu abgespeichert. So wird die emotionale Aufladung der belastenden Erinnerungen modifiziert.

5.2   Dreigliedriges Gehirn

Zusammenfassung

- PTBS als sinnvolle physiologische Schutzreaktion
- Stammhirn (Eidechsengehirn)- Betonung der automatisierten Reaktionen
- Mittelhirn (Katzengehirn)- verschiedene Funktionen, Impulse – Großhirn (Professorengehirn)- Gedanken, Ratio
◄

Erklärung für Kinder
Normalerweise, wenn du dich gut und sicher fühlst, dann funktioniert der Funkverkehr zwischen deinem Körper und deinem Gehirn und seinen verschiedenen Teilen reibungslos. Die kleine Katze in deinem Gehirn schläft und ruht sich aus. Das Professorengehirn funktioniert. Wenn die Katze aber alarmiert ist (siehe Abb. 5.2), dann steuert das Eidechsengehirn den Körper. Der ganze Körper ist darauf programmiert möglichst schnell weg zu laufen oder zu kämpfen. Wenn beides nicht geht, dann erstarrt der Körper. Dann ist es ganz schwierig zu denken oder zu rechnen.

Abb. 5.2 Das
Eidechsengehirn wird der
neue Boss im Kopf!
(Krüger, 2013, S. 55)
Abbildung mit freundlicher
Genehmigung des Autors

Erklärung für Erwachsene

Unter normalen Umständen verläuft die Kommunikation zwischen dem Körper und den verschiedenen Teilen des Gehirns untereinander reibungslos. Es findet ein Austausch und ein Abwägen statt zwischen Impulsen und Vernunft. Die eingehenden Informationen werden in der Prüfstelle im Katzengehirn (Amygdala) untersucht und bewertet. Wenn Gefahr droht, dann meldet die entsprechende Stelle Alarm und das Eidechsengehirn (Stammhirn) reagiert mit einem Notfallprogramm als Überlebensreaktion und übernimmt die Führung. Es verursacht die Freisetzung von Hormonen, damit der Körper bereit ist für Flucht und Kampf. Es aktiviert Flashbacks an frühere gefährliche Situationen, um diese wie Warnschilder zu nutzen und vor möglichen aktuellen Gefahren zu schützen. Auch die Gedanken werden beeinflusst. Die Wahrnehmung allgemein wird auf potenziell gefährliche Details fokussiert. Schlussfolgerndes Denken und andere Funktionen des präfrontalen Kortex, die z. B. für schulische Aufgaben wichtig sind, sind schwer oder gar nicht zu aktivieren. Falls die Anspannung zu groß wird, sorgt eine Sicherung (4) dafür, dass der Organismus als Ganzes geschützt wird. Der Kopf schaltet auf Durchzug, wenn Überlastung droht, und die Person dissoziiert (Krüger, 2013).

5.3 Die Geschichte mit dem Schrank

Zusammenfassung

- Hyperarousal
- Vermeidung (hier speziell: Der Wunsch, nicht an die Ereignisse erinnert zu werden)
- Kompensatorische Symptombildung (hier speziell: Der dringende Wunsch, die Erlebnisse erzählen)

◄

Erklärung für Kinder

Ich kannte einmal ein Kind, das so etwas Ähnliches erlebt hat wie du. Es hatte, genau wie du, sehr schlimme Dinge gesehen, die es nach tief unten in seinen Erinnerungsschrank weggepackt hatte. Es waren viele schlechte Erinnerungen, an die das Kind am liebsten nicht mehr denken wollte. Viele kleine Stücke von Gefühlen und Gedanken, die das Kind vergessen wollte, weil sie eine große Last waren. Wie ein Haufen alter Kleidung und Spielzeug war alles zusammen in den Schrank gestopft. Nach und nach war der Schrank aber immer voller und voller geworden. Vollgestopft mit altem Zeugs. Nur, wenn das Kind sich mit aller Kraft dagegen stemmte, konnte es die Türen des Schrankes noch zu bekommen. Denn die zusammengepressten Erinnerungen drückten nach außen. Das war ein großer Stress für das Kind, weil es auf keinen Fall an die Erlebnisse erinnert werden wollte. Vor allem wollte es vermeiden, dass die anderen Kinder etwas mitbekämen von seinen vielen Gefühlen und verwirrenden Gedanken. Eines Tages fragte ein Junge aus der Schule das Kind, ob es mit ihm spielen wolle. Das Kind freute sich ganz doll, weil es keinen besten Freund hatte und sich so sehr einen wünschte. Es wollte so gern mit dem Freund in seinem Zimmer spielen. Gleichzeitig bekam es Panik, weil es wusste, dass genau in dem Moment, wenn es sich entspannen würde, der Schrank aufgehen und das ganze alte Zeug ins Zimmer purzeln könnte. Es fürchtete sich davor, dass sein Schulkamerad das mitbekommen könnte. Daher sagte das Kind schweren Herzens die Verabredung ab und verbrachte auch diesen Nachmittag traurig alleine zu Hause (nach Krüger, 2013).

5.4 Baumeister im Wirbelsturm

Erklärung für Erwachsene
Kinder, die unter den Symptomen einer Traumafolgestörungen leiden, sind wie kleine Baumeister, die versuchen, im Wirbelsturm ihre Hütte aufzubauen. Ständig sind sie damit beschäftigt, mit ihren kindlichen Mitteln, unter stressigsten Bedingungen, an ihrem Bauwerk weiterzubasteln, versuchen, es zu stabilisieren. Nie werden sie wirklich damit fertig. Immer wieder wird etwas von ihrer wackligen Konstruktion vom Sturm weggefegt, nie können sie innerlich zur Ruhe kommen.

5.5 Das Gehirn als Stehlampe

Zusammenfassung

- Alarmreaktion
- Hyperarousal: Schlaf- und Konzentrationsstörungen
- Impulsivität
◄

Erklärung für Kinder
(In den Klammern befinden sich Regieanweisungen, die während des Sprechens der Psychoedukation durchgeführt werden können).
Unser Gehirn lenkt alles, was wir tun. Egal ob wir wach sind oder schlafen, das Gehirn sorgt dafür, dass wir atmen und unser Herz schlägt. Wir brauchen darüber nicht nachzudenken. Es funktioniert immer automatisch. *(Ich schalte die Stehlampe an und stelle den Dimmer auf „Mittel".)*
Wenn wir einschlafen, dann beruhigt sich der Körper *(Ich dimme die Lampe langsam herunter, bis das Licht fast aus ist.).* Und trotzdem regelt das Gehirn den Herzschlag und die Atmung weiter, ohne dass wir darüber nachdenken oder etwas machen müssen.
Wenn sich ein Kind ganz doll erschreckt, zum Beispiel, weil es *(hier setze ich ein, was das Kind erschreckt haben könnte, z. B. „das Explodieren von Bomben" oder „ein großer bellender Hund"),* dann sendet das Gehirn Alarm *(Ich mache an der Stelle der Geschichte ein Alarm Geräusch).* Das sorgt dafür, dass der ganze Körper wach und angespannt ist. *(Ich mache die Lampe im Wechsel voll hell und dunkel.)* Das ist sehr gut so. Man kann dann schnell weglaufen oder sich verteidigen.

Wenn ein Kind sich ganz oft, immer wieder erschreckt *(hell, dunkel, hell, dunkel)*, dann wird das Gehirn sehr empfindlich. Und dann sendet es auch in Situationen einen Alarm *(voll hell)*, wenn nichts wirklich Schlimmes passiert. Die Kinder müssen akzeptieren, dass sie wegen dem, was passiert ist *(z. B. dem Geräusch der Explosionen)*, sehr empfindlich geworden sind. Wenn man dann nicht weglaufen oder kämpfen kann, dann wird man ganz steif, wie eingefroren.

Viele Kinder, die ich kenne, die sich so oft erschreckt haben, wie du, haben zwei Arten von Problemen: Es fällt ihnen schwer, sich zu beruhigen. Sie haben Probleme beim Einschlafen, bei den Hausaufgaben. *(Lampe langsam herunter dimmen)* Oder ruhig zu bleiben, wenn es beim Spielen mit den anderen Kindern eine Meinungsverschiedenheit gibt. Sie regen sich schnell auf. Kleine Sache, großes Peng! Schon eine winzige Fliege an der Wand oder *(hier einsetzen, was zuvor als Auslöser des Hyperarousals geschildert wurde)*, z. B. wenn die Mutter sagt „Putz´ bitte deine Zähne!" führt dazu, dass sich das Kind doll aufregt. *(Lampe hell und dunkel im Wechsel)*. Sag´ mal: Kennst du sowas oder etwas Ähnliches bei dir?

Erklärung für Erwachsene

Man weiß, dass Kinder, die wiederholten Bedrohungen ausgesetzt gewesen sind, sich keineswegs an diese Bedrohungen gewöhnen und auch mit vielfachen Wiederholungen leider nicht unempfindlicher werden. Das Gegenteil ist der Fall. Die neurobiologischen Muster der Alarmreaktionen, die einmal gebahnt wurden, werden schneller aktiviert, je häufiger sie ablaufen. Vergleichbar mit einem Trampelpfad über eine Wiese: Je öfter er gegangen wird, desto tiefer werden die Spuren. Eltern und auch die Kinder selbst müssen lernen zu akzeptieren, dass die Alarmreaktion als Symptom einer Traumatisierung auch ohne echte Bedrohung im Außen auftritt. Das wirkt sich einerseits auf die Möglichkeiten zur Affektregulation aus, d. h. Beruhigung und Aufmerksamkeitslenkung sind erschwert. Eine Folge davon sind Schlaf- und Konzentrationsstörungen. Und auch die Steuerung von Emotionen ist beeinträchtigt. Dies zeigt sich häufig in schnell ansteigendem Ärger, der oft mit Neigung zur Impulsivität und Wutausbrüchen einhergeht.

5.6 Handmodell des Gehirns („The brain in the palm of your hand")

Zusammenfassung

- Gehirnarchitektur
- Empathiefähigkeit „emotionale Literarität"
- Funktionen des präfrontalen Kortex
- Welche Schritte sind zur (Co-)Regulation nötig

◄

Dieses Modell finden Sie in mehreren Versionen auf Social Media Plattformen. Wir halten es für so gut und hilfreich, dass wir hier gerne darauf hinweisen wollen.

Nähere Informationen finden Sie in den Online-Materialien.

https://www.youtube.com/watch?v=gm9CIJ74Oxw

Der richtige Zeitpunkt

Psychoedukation, so wie wir sie als Methode und Intervention verstehen und versucht haben, in diesem Buch darzustellen, wenden wir im klinischen und ambulanten Setting unseres Arbeitsalltages regelmäßig an. Nicht selten benutzen wir sie in der ersten halben Stunde eines Kennenlerngespräches als Intervention. Möglichst zügig wollen wir dem Kind einen Vorschlag machen, wie seine Symptomatik verstanden werden kann, und ihm signalisieren, dass es Möglichkeiten der Verbesserung gibt. Negative Erfahrungen haben wir damit noch nicht gemacht. Im Gegenteil: Die Kinder und Jugendlichen teilen uns mit, dass die erklärenden Hypothesen, die wir ihnen zum Zusammenhang zwischen ihren Schwierigkeiten und ihren Erlebnissen anbieten, für sie einleuchtend sind, sie sich unmittelbar entlastet, manchmal sogar befreit fühlen. Durch Psychoedukation, durch die Normalisierung und Entpathologisierung ihrer Symptomatik verändern wir zwar nicht die Erlebnisse der Betroffenen, aber wir erreichen die tertiäre Ebene des Leidens (siehe Abschn. 5.1., Was ist Psychoedukation). Wenn die Symptome als nachvollziehbar, folgerichtig und reversibel beschrieben werden, wird ihre emotionale Aufladung unmittelbar verändert. Viele unserer kindlichen und jugendlichen Patient*innen berichten uns, dass sie sich durch diese Art der Psychoedukation spontan deutlich entlastet fühlen. Das auch, wenn die Problematik bereits seit Jahren besteht.

6.1 Die Grenzen der Methode: Wann ist zusätzliche Hilfe erforderlich?

Psychoedukation ist nichts, was einmalig vom Fachmann durchgeführt wird und dann für immer erledigt ist. Wir raten dazu, die entscheidenden Sätze auch im

© Der/die Autor(en), exklusiv lizenziert durch Springer Fachmedien Wiesbaden GmbH, ein Teil von Springer Nature 2020
K. Klappstein und R. Kortewille, *Traumatisierte Kinder im Alltag feinfühlig unterstützen*, essentials, https://doi.org/10.1007/978-3-658-32058-4_6

Alltag sinngemäß zu wiederholen. Wenn einmal das Prinzip verstanden wurde, ist das, gerade im direkten Lebensumfeld des Kindes, gut zu machen und man muss keine Therapeut*in dafür sein. Es gibt aber eine Ausnahme. Wenn die Probleme so groß geworden sind und bereits so lange bestehen, dass es für das Kind normal geworden ist, gestört zu sein, es sich in seiner Rolle als das immer aggressive Kind, als bizarrer Sonderling und kontaktgestörter Außenseiter in der Klasse oder als medien- oder substanzabhängiger Jugendlicher alleine in seinem Zimmer eingerichtet hat, dann ist es schon ziemlich spät. Es ist nie zu spät, aber je früher die fachgerechte Intervention erfolgt, desto besser. Traumaassoziiertes Verhalten ist einfacher erklär- und behandelbar, je früher Hilfe aufgesucht wird und wenn die Behandler*in entsprechend ausgebildet ist. Bei akzidentiellen Ereignissen erfolgt eine traumapsychologische Vorstellung am besten unverzüglich, auch wenn noch keine Symptome beim Kind vorliegen. Pflege- und Adoptivkinder sollten immer eine sorgfältige Traumadiagnostik erhalten. Und: Eine traumapsychologische Aufarbeitung kann dazu beitragen, den Kreislauf der transgenerational weitergegebenen Gewalt zu durchbrechen (Huber, 2012).

6.2   Empfehlungen für das Helfersystem – Ein Ausblick

Sicher: Es besteht ein Risiko der Retraumatisierung durch nicht fachgerechtes pädagogisches oder therapeutisches Handeln. Die Gefahr der Retraumatisierung besteht aber in allen Bereichen des täglichen Lebens. Wir können nie komplett ausschließen, dass die Kinder und Jugendlichen mit Triggern konfrontiert werden, die eine Retraumatisierung zur Folge haben. Hinter der Angst der versorgenden Erwachsenen steht vielleicht die Sorge, dass Kinder durch Gespräche traurig oder wütend werden könnten. Man will sie und vielleicht auch sich selbst vor Kontakt mit diesen traumaassoziierten Gefühlen schützen. Es ist eine Kompetenz, wenn es den Betroffenen gelingt, diese Gefühle vorübergehend wegzupacken. Aber tatsächlich sind diese Gefühle ja immer da. Sie sind nur nicht immer bewusst und im Vordergrund. Man hat also die Wahl, ob das geplant im Fachgespräch erfolgt, oder unerwartet im Alltag. In diesem Sinne wirksam zu sein, kann auch Fachleute verunsichern. Kontakt kann Angst machen. Eigene therapeutische Prozesse für Traumafachkräfte und Familien-Supervision für Adoptiv-/Pflegeeltern sind nötig, um, sofern in diesem Punkt Unsicherheit besteht, zu klären, ob man im Sinne der Betroffenen handelt.

Wie berechtigt ist die Angst, Kinder zu schädigen durch das Ansprechen negativer Erfahrungen oder schwieriger Themen? Vielleicht ist es sinnvoll, diese Frage einmal anders herum zu stellen: Wäre es wünschenswert, dass Kinder in einem

Umfeld leben, in dem es ihnen strikt verboten ist, ihre negativen Erfahrungen zu thematisieren oder die Themen sogar Tabu sind? Welches Signal brauchen Kinder? Die Erfahrungen und die verbundenen Folgen sollten als real akzeptiert werden.

Wir halten es für ein gutes Ziel, wenn ein Weg gefunden wird, belastende Erfahrungen und die zugehörigen Empfindungen als schmerzliche Realitäten ins Leben der Familien bzw. des Lebensumfeldes der Betroffenen zu integrieren. Eine fachgerechte Behandlung von Erkrankungen und die Hoffnung auf Heilung zu vermitteln, gehört aus unserer Sicht dazu.

Was Sie aus diesem *essential* mitnehmen können

- Erklärungen für emotionale Probleme und Verhaltensauffälligkeiten traumatisierter Kinder
- Hinweise, durch die sie als Eltern oder Pflegeeltern mehr Handlungssicherheit erhalten
- Tipps für den Umgang mit ihren Kindern im Alltag

K. Klappstein und R. Kortewille, *Traumatisierte Kinder im Alltag feinfühlig unterstützen*, essentials, https://doi.org/10.1007/978-3-658-32058-4

Glossar

Arousal (engl.) Fachbegriff, psychophysiologische Erregung
Amnesie fehlende Erinnerung
Amygdala soweit bekannt, Angstzentrum im limbischen System des Mittelhirns
Atavistisch von einer früheren Entwicklungsstufe stammend
Coping Bewältigung
Dissoziation Auseinanderfallen, z. B. Abwesenheit von Gefühlen und bewusster Wahrnehmung, häufiges Phänomen bei traumatisierten Personen
Fragmentiert zerbrochen, in Bruchstücken
Framing Herstellen von Bedeutungszusammenhängen
Freeze Zustand Eingefroren, Totstellreflex
Hinweisreiz Trigger
Hippocampus Seepferdchen – Teil des Gehirns im Mittelhirn
Hypermnesie übersteigerte Erinnerungen
Hyperarousal Übererregung
Ich-synton zum Ich zugehörend, vom Menschen als passend erlebt
Ich-dyston nicht zum Ich zugehörend, als nicht passend erlebt
Intrusionen einschießende wellenartige Erinnerungen (flashbacks), Blitzerinnerungen, I. kommen auf allen Sinnesebenen vor
Kognitiv den Verstand betreffend
Literarität Lesefertigkeit
Narrativ erzählte/erzählbare Geschichte
Partiell teilweise
präfrontaler Kortex (PFC) vorderer Teil des Großhirns (Kortex)
Prädisposition Anfälligkeit

PTSD/PTSB Synonyme: posttraumatic stress desease/posttraumatische Belastungsstörung

Reframing Veränderung des Bezugsrahmens

Trigger Hinweisreiz

Übertragung Erfahrungen aus vorherigen Beziehungen werden als Wünsche oder Ängste in neue Beziehungen übertragen

Vermeidung hier: als Symptom von Angst bspw. im Rahmen einer Traumatisierung

Literatur

Antonovsky, A. (1997). *Salutogenese. Zur Entmystifizierung der Gesundheit* (Forum für Verhaltenstherapie und psychosoziale Praxis, Bd. 36). Tübingen: DGVT

Baierl, M. (2014). *Praxishandbuch Traumapädagogik.* Göttingen: Vandenhoeck & Ruprecht

Bowlby, J. (2006). *Bindung.* München: Ernst.

Bowlby, J., Grossmann, K., & Grossmann, K. E. (2005). *Bindungen- das Gefüge psychischer Sicherheit* (S. 65). Stuttgart: Klett-Cotta.

Brisch, K.-H. (2014). *Safe // Sichere Ausbildung für Eltern* (S. 12). Stuttgart: Klett-Cotta.

Bonus, B. (2008). *Mit den Augen eines Kindes sehen lernen, Die Anstrengungsverweigerung* (Bd. 2). Norderstedt: Books on Demand.

Cierpka, M. (Hrsg.). (2008). *Handbuch der Familiendiagnostik. Mit 13 Tabellen* (3. Aufl.). Berlin: Springer.

Copeland, W., Keeler, G., Angold, A., & Costello, E. J. (2010). Posttraumatic stress without trauma in children. *American Journal of Psychiatry.,167*(9), 1059–1065.

Cyrulnik, B. (2016). *Rette dich, das Leben ruft.* Berlin: Ullstein.

Ende, M. (2015). *Jim Knopf und Lukas der Lokomotivführer.* Stuttgart: Thienemann.

Faltermaier, T. (2017). *Gesundheitspsychologie* (12. Aufl.). Stuttgart: Kohlhammer.

Fischer, G., & Riedesser, P. (2020). *Lehrbuch der Psychotraumatologie* (S. 79). München: UTB.

Fonagy, P., Gergely, G., Jurist, E. L., & Target, M. (2004). *Affektregulierung, Mentalisierung und die Entwicklung des Selbst.* Stuttgart: Klett-Cotta.

Garbe, E. (2018). *Das kindliche Entwicklungstrauma* (3. Aufl., S. 97). Stuttgart: Klett-Cotta.

Graf, A., Irblich, D., Landolt, M. A., (2008), Posttraumatische Belastungsstörungen bei Säuglingen und Kleinkindern in Praxis der Kinderpsychologie und Kinderpsychiatrie. 57: 247 – 263, Göttingen, Vanderhoeck & Ruprecht. https://psydok.psycharchives.de/jspui/bitstream/20.500.11780/3050/1/57.20084_1_48091.pdf, Abruf: August 2020

Hantke, L., & Görges, H.-J. (2012). *Handbuch der Traumakompetenz.* Paderborn: Junfermann.

Hensel, T., (2012). *Liebe allein reicht nicht- Über die Arbeit mit Pflege- und Adoptiveltern und anderen Bezugspersonen chronisch beziehungstraumatisierter Kinder, in Trauma und Gewalt August 2012,* (Bd. 6, 3. Aufl., S. 244–251). Stuttgart: Klett-Cotta.

Hensel, T. (2017). *Stressorbasierte Psychotherapie: Belastungssymptome wirksam transformieren- ein integrativer Ansatz.* Stuttgart: Kohlhammer-Verlag.

Hermann, J. (2018). *Narben der Gewalt- Traumatische Erfahrungen verstehen und überwinden.* Paderborn: Junfermann Verlag.

Hüther, G., Korittko, A., Wolfrum, G., Besser,L. (2010) Neurobiologische Grundlagen der Herausbildung Psychotrauma bedingter Symptomatiken. *Trauma & Gewalt,* 4(1): 18–31 (Stuttgart: Klett-Cotta).

Huber, M. (2012). *Transgenerationale Traumatisierung.* Paderborn: Junfermann Verlag.

Kolk van der, B., (2009), *Entwicklungstrauma-Störung: Auf dem Weg zu einer sinnvollen Diagnostik für chronisch traumatisierte Kinder,* in Praxis der Kinderpsychologie und Kinderpsychiatrie 58, 8, S. 572–586, Göttingen. Vanderhoeck& Ruprecht Verlage https://psydok.psycharchives.de/jspui/bitstream/20.500.11780/3160/1/58.20098_2_49207.pdf, (Abruf: August 2020)

Krause, D. (1991). *Luhmann-Lexikon. Eine Einführung in das Gesamtwerk von Niklas Luhmann* (2. Aufl.). Stuttgart: Ferdinand Enke.

Krause, C., & Lorenz, R. (2009). *Was Kindern Halt gibt- Salutogenese in der Erziehung.* Göttingen: Vandenhoeck & Ruprecht.

Krause, R. & Kirsch, A. (2002). *Neurobiologische Veränderung aufgrund von Traumatisierung.* https://www.agsp.de/html/a32.html, Abruf August 2020

Krüger, A. (2013). *Powerbook – erste Hilfe für die Seele, Traumaselbsthilfe für junge Menschen.* Hamburg: Elbe & Krüger.

Kustor-Hüttl, B. (2011). *Weibliche Strategien der Resilienz. Bildungserfolg in der Migration* (1. Aufl., Bd. 161). Frankfurt a. M.: Brandes & Apsel Verlag GmbH; Brandes & Apsel

Piefke, M., & Markowitsch, H. J. (2009). *Die Bedeutung des impliziten und expliziten Gedächtnisses in der Psychotraumatologie.* In St. Jacobs (Hrsg.), Neurowissenschaften und Traumatherapie- Grundlagen und Behandlungskonzepte (S. 11–27). Göttingen: Universitätsverlag.

Scherwath, C. (2016). *Soziale und pädagogische Arbeit bei Traumatisierung.* München: Ernst Reinhardt Verlag.

Scherwath, C., (2018). *Kinder verstehen und im Kita-Alltag professionell begleiten: Was Klaras Verhalten uns sagen kann: Ressourcenorientierte Zugänge bei auffälligem Verhalten.* Mülheim: Cornelsen bei Verlag an der Ruhr GmbH

Schlippe, A. v., & Schweitzer, J. (2007). *Lehrbuch der systemischen Therapie und Beratung* (9. Aufl., S. 17). Göttingen: Vandenhoeck & Ruprecht.

Schwing, R., & Fryser, A. (2013). *Systemische Beratung und Familientherapie – Kurz, bündig, alltagstauglich.* Göttingen: Vandenhoeck & Ruprecht.

Welter-Enderlin, R., & Hildenbrand, B. (Hrsg.). (2006). *Resilienz. Gedeihen trotz widriger Umstände (Paar- und Familientherapie* (1. Aufl.). Heidelberg: Carl-Auer-Verl.

Werner, E. E., & Smith, R. S. (2001). *Journeys from childhood to midlife. Risk, resilience, and recovery.* Ithaca: Cornell University Press.

Printed in the United States
By Bookmasters